**me segura
qu'eu vou
dar um troço**

poesia de bolso

**waly
salomão**

**me segura
qu'eu vou
dar um troço**

Copyright © 2016 by herdeiros de Waly Salomão

Grafia atualizada segundo o Acordo Ortográfico da Língua Portuguesa de 1990, que entrou em vigor no Brasil em 2009.

Capa e projeto gráfico
Elisa von Randow

Preparação
Andressa Bezerra Corrêa

Revisão
Marina Nogueira
Viviane T. Mendes

Cronologia
Mariano Marovatto

Dados Internacionais de Catalogação na Publicação (CIP)
(Câmara Brasileira do Livro, SP, Brasil)

Salomão, Waly, 1944-1989.
    Me segura qu'eu vou dar um troço / Waly Salomão.
— 1ª ed. — São Paulo : Companhia das Letras, 2016.

ISBN 978-85-359-2729-0

    1. Poesia brasileira I. Título.

16-02784	CDD-869.1

Índice para catálogo sistemático:
1. Poesia : Literatura brasileira 869.1

[2016]
Todos os direitos desta edição reservados à
EDITORA SCHWARCZ S.A.
Rua Bandeira Paulista, 702, cj. 32
04532-002 — São Paulo — SP
Telefone: (11) 3707 3500
Fax: (11) 3707 3501
www.companhiadasletras.com.br
www.blogdacompanhia.com.br
facebook.com/companhiadasletras
instagram.com/companhiadasletras
twitter.com/cialetras

sumário

Me segura qu'eu vou dar um troço 7

Cronologia......................................118

Lista de obras publicadas..................125

**me segura
qu'eu vou
dar um troço**

profecia do nosso demo

O céu retirado como livro que se enrola o céu retirado como livro que se enrola o céu retirado como livro que se enrola o céu retirado como livro que se enrola o céu retirado como livro que se enrola o céu retirado como livro que se enrola o céu retirado como livro que se enrola
Lino Franco

Um habitante deu por finda sua febre estéril e partiu para realizar a **OBRA** que lhe conferiria um segredo de **DEUS** se cumprindo nas trevas da sua cerração. Com muita dor desistiu de fotografar os assuntos com muita dor desistiu de escutar os sons do século com muita dor aceitou perder seu nome. Sem nome. **SEM NOME**. Pra se inscrever como escrivão copista da vontade divina. Lavro e dou fé. Lino Franco se dedicava inteiro à **OBRA** com vontade de perder os traços particulares do rosto pra que o outro aparecesse.

Anos e anos o império se anunciando e se deslocando se fundando e se desmanchando, Lino Franco nos volumes e volumes tinha dado língua à mesma febre estéril e diante da ampulheta quase vazia se revela que nenhum mago pode lhe sobrevir: — o império é o absoluto e a queda. E agora, vazio e saciado, que vou fazer de tudo que não me tornei?
Lino Franco continua falando só pra ouvir a vibração do seu som e também porque assim se joga mais livre e o logro é mais difícil. Lavro e dou fé.

JUÍZO FINAL

Loucura é criar altas medidas pra si no jogo na farsa na leviandade e depois levar a vida pra esta eternidade. E internamente não se poderia dizer disto: — É loucura — porque seria um comentário e o deus incarnado não se permite isto.

LAVRO E DOU FÉ.

apontamentos do pav dois

SIRIO desponta de dia

DILÚVIO

Confusão da aflição do momento com o DILÚVIO.
O DILÚVIO em cada enchente. reincarnação.
NOÉ = intérprete de sinais. O sacassinais. O mensageiro da advertência.
500 anos = BR.
500 000 anos = idade aproximada da espécie humana.

Memória popular de uma região perdida, onde uma humanidade sábia e progressista passou anos felizes em santa e sábia harmonia.

Terra das Hespérides
Terra das maçãs de ouro

Cinemex: um banquete fantástico de comidas baianas: tribex: regado com batidas: calor entorpecente: foquefoque como nas farras romanas de Holly: Morro de São Paulo: frutos tropicais, mil caranguejos: cachos de uva: mulheres levantando as saias: gente com a cara lambuzada de vatapá, gente dentro das panelas de barro: langor: as pessoas esparramadas como nas telas de Bruegel: Bahia, umbigo do mundo: Portas do Sol: cidade da colina: Luz Atlântica: Jardim da Felicidade.

Atlântida — o continente perdido pralém das colunas de Hércules e que unia a Europa com a América; onde já se observavam os céus e se faziam cálculos astronômicos; adoradores do SOL; onde provavelmente foi falada a língua-mãe.
Olhadela por trás dos bastidores.
Atlântida submersa.
Só nos convencemos afinal de estar pisando solo firme quando tomamos por base, como verdadeiro original, a submersão da Atlântida dentro das ondas do oceano.

Cinemex: alguém fantasiado de javali feroz ataca uma pessoa diante do mar. como numa dança de Bumba.

OCEANO

Há muito sabemos que estes mistérios tomam grande liberdade com os tempos verbais e podem perfeitamente usar o passado apesar de se referirem ao futuro. Na cadeia tudo é proibido e tudo que é proibido tem. Criação = encaixar tudo e não se decidir por coisa alguma. E contudo não estou tão velho nem tão magnânimo que consiga aniquilar o eu. A vida abençoada em circunstâncias malditas. O cara estuprado por seis. O zinco. A cela forte que se enche d'água. Os que dormem como pedra mal entram no xadrez. Os bicheiros escondendo comidas cigarros. O filho do bicheiro que se entregou pra livrar o pai e estava morrendo de dor de garganta. O assaltante baleado que teve acessos violentos de dor. A descida ao inferno do poeta. Estou ouvindo Roberto Carlos, Ray Charles Georgia, Gil e Caet Charles anjo 45. O carioca legal que emprestou o carro pro amigo, preso na boca. O detento pequeno-burguês que manda cartas pra noiva como se estivesse acidentado num hospital da Argentina. A limpeza e os ideais do xadrez 506. O débil mental que perdeu calça prum passista de Escola de Samba. Os bunda mole. O que dedurou quem roubou sua camisa. Os bunda mole fazendo faxina trazendo água tomando porrada. O tarado da menina de 9 anos esbofeteado pelos tiras e pelos marginais e torturado na delegacia. O traficante preso porque limpava o revólver que disparou e o caguete do andar de cima chamou a polícia. Os contadores de piadas. Ideia de gravar piadas e transcrevê-las na língua viva coloquial. O menino babaca de óculos meio viado baleado roubando pneu de carro esbofeteado jogado de um lado pra outro do xadrez por não soltar o rabo. O dono da tipografia: industrial. O assaltante que usou desodorante como arma unir com nota de Notícias Populares de que bandidos com máscaras de carnaval assaltaram um bar. Alguns deles têm até seis nomes falsos. Os 3 chefões. Os jovenzinhos querendo pesar a barra paquerando os chefões. O perigo total. O cu no ponto. Não abrir as pregas as coxas. O endurecimento da cara.

TOTE — o chefão fantástico — invertendo as tábuas da lei, contra os farisas e os bunda mole.

De um preso com ares de jurisconsulto: — O camarada para fazer um crime dá tiros facadas, para falar com a gente faz manha, fala para dentro.

Do preso jurisconsulto da judiciária central: — Casca de jaca escamoso? Eu não dou este epíteto a companheiros.

Judiciária do pavilhão dois: um escritório banal com as piadinhas dos empregadinhos.

Muito homem havia que chegava a escrever o nome de Deus sobre o seu órgão reprodutor ou o escrevia ali antes de possuir uma mulher.

Terebinto = árvore sagrada — revelação — ensinamentos — holocaustos.

NERGAL

Da detenção para a revista **FASCINAÇÃO** seção "Anúncio dos leitores".

Boca do boi = orifício sanitário. Aqui igualou todo mundo ao nível do merdame: do ordenamento jurídico à observância das leis sanitárias: para sua comodidade e higiene, conserve limpo este lugar. A mesma ordem exterior.

As pessoas ficam se lembrando da rigorosa ordem em que estão inscritas: — Isto aqui é uma prisão. A limpeza e os ideais do xadrez 506. Imagine alguém impensável como criminoso numa cadeia.

Não tenho por que chorar. Alguns detentos tomando banho de sol em cima dos sacos de aninhagem. a bunda na cuca de todo mundo. o fumo na moita.

O ventre amargo do profeta lendo as pedras antediluvianas. mundo subterrâneo. mundo inferior. reino dos mortos. quebrar o ferrolho do reino dos mortos, sons que ainda não estão no tempo, torre de fogo. água viva.

O profeta vivo dentro de uma cova e escorrendo em esferas alheias à sua própria individualidade tanto no espaço como no tempo, incorporando à sua experiência acontecimentos que, lembrados e relatados à luz clara do dia, deviam propriamente ser postos na 3ª pessoa. Mas, que queremos dizer com esse "propriamente"? Será o eu de uma pessoa uma coisa aprisionada dentro de si mesma, rigorosamente enclausurada dentro dos limites da carne e do tempo? Acaso muitos dos elementos que o constituem não pertencem a um mundo que está na sua frente e fora dele? A ideia de que cada pessoa é ela própria e não pode ser outra não será algo mais do que uma convenção que arbitrariamente deixa de levar em conta as transições que ligam a consciência individual à geral?

Individualidade aberta (imitação, sucessão).

Dans un réalisme de la rivage: Após cagar não limpe o cu com gazeta esportiva que Pelé entra com bola e tudo.

Um filme político — A grã-fina esquerdistex de Nelson Rodrigues.

(PAPO TER
RÍVEL DA
MORTE)

Deja levado pelo Esquadrão da Morte não dormiu a noite inteira e fez um estilete pra se defender. Caladão.

E já que não é bom ficar quieto quando a alma se aflige com a dúvida, ele resolvera simplesmente pôr-se a andar.

Pontas de terra   luzeiro   cidade do caminho.

Ele sofria e quando comparava a extensão da sua angústia interior com a da grande maioria, tirava a conclusão de que ela estava prenhe de futuro. Novas expansões de vida. Destino.

O jejum. O deserto. A abstinência sexual. Coalhada com mel e gafanhotos silvestres.

A guerra. A aventura. A caça. A dança. Os jogos e exercícios físicos.

... na sua qualidade de homens completos, vigorosos e necessariamente ativos, não acertavam separar a felicidade da ação; tudo isto está em profunda contradição com a "felicidade" que imaginam os impotentes, os obstruídos, os de sentimentos hostis e venenosos, a quem a felicidade aparece sob a forma de estupefação, de sonho, de repouso, de paz, numa palavra sob a forma passiva.

Posso respirar dentro do cadáver do terceiro trópico destes tristes mundos?

Que os cordeiros tenham horror às aves de rapina, compreende-se; mas não é uma razão para querer mal às aves de rapina que arrebataram os cordeirinhos. E se os cordeiros dizem: "Estas aves de rapina são más, o que for perfeitamente o contrário, o que for parecido com um cordeiro é bom", nada teríamos que responder a esta maneira de erigir um ideal. Apenas que as aves de rapina responderão com um ar de troça: "Nós não queremos mal a estes bons cordeiros, senão pelo contrário, os apreciamos muito: tão saborosa como a carne deles não há nada".

Estou xarope. Linguagem paulista: pissa e semáforo. Abismos do mundo inferior. Os contos, as crônicas, os exórdios edificantes do escritor detido. suas propriedades na Argentina e no México. sua amada. seu brevet de aviador. vida anterior de lord. suas caçadas. Montarias.

Esta amarga prudência que até o inseto possui (o qual,

em caso de grande perigo, se finge morto) tomou o pomposo título de virtude como se a fraqueza do fraco — isto é, a sua essência, a sua atividade, toda, única, inevitável e indelével — fosse um ato livre, voluntário, meritório.

Xoxotaz xoxotaça. Cu sem pregas fulozado chué. Cabeça enterrada no esgoto da latrina. Boca do boi. Não veremos algum dia reanimar-se o antigo incêndio com maior violência do que nunca? Mais ainda: não devemos desejá-lo com todas as nossas forças e contribuir para isso?

Minha mãe me penteou. À máquina zero tosaram-me o velo. Modelo para armar. Não tomar a sério os seus inimigos e as suas desgraças é o sinal característico das naturezas fortes que se acham na plenitude do seu desenvolvimento e que possuem uma superabundância de força plástica, regeneradora e curativa que sabe esquecer.

Judiciária do Pavilhão Central — clima de repartição: todo mundo olhando binóculos de mulher nua. O expediente. A gente fica maluco marcando os dias. Truta. O esquecimento não é só uma vis inertiae, como creem os espíritos superfinos; antes é um poder ativo, uma faculdade moderadora... A gente fica xarope trocando Santo Onofre por N. Sra. Aparecida. A barra está muito carregada. Perigo ou rotina? O trabalho pré-histórico: o verdadeiro trabalho do homem sobre si mesmo durante o mais longo período da espécie humana.

Suplícios martírios sacrifícios cruentos holocaustos mutilações castrações... em virtude de semelhantes espetáculos, de semelhantes tragédias, conseguiu-se fixar na memória 5 ou 6 "não quero", 5 ou 6 promessas... Assinatura da nota de culpa.

Sem crueldade não há gozo, eis o que nos ensina a mais antiga e remota história do homem; o castigo é uma festa.

Época de pessimismo. Naquele tempo em que a humanidade não se envergonhava ainda da sua crueldade, a vida sobre a terra era mais serena e feliz do que nesta época de pessimismo. Vergonha. Cruel infância da humanidade. O doentio moralismo que ensinou o homem a se envergonhar de todos os seus instintos.

Adão — ser juvenil feito de pura luz. A queda de Semael — o anjo de 12 pares de asas — por não se prostrar diante de Adão. como estrela cadente. Júbilo entre os anjos no caso de Sodoma e Gomorra e no Dilúvio, o reino dos severos. Na sua porfia por converter-se em anjo (para não empregarmos uma palavra mais dura), o homem conseguiu esta fraqueza do estômago e esta linguagem mentirosa, que lhe tornam insípida e dolorosa a vida.

O castigo foi precisamente o que mais atrasou o desenvolvimento do sentimento de culpa, e o castigado considerava o castigo também como lote do destino e não sentia outra "pena anterior", como se fosse vítima de catástrofe imprevista, de um terrível fenômeno natural, de um penhasco que rola pela vertente e tudo esmaga, sem haver possibilidade de luta.

Acidente imprevisto em lugar de eu não devia ter feito isto. Fatalismo vigoroso. Se algum efeito produzia o castigo era o aumento da perspicácia, o desenvolvimento da memória, a vontade de operar para diante com mais prudência, com mais precaução, o mistério e finalmente a confissão de que em muitas coisas o homem é fraco, a reforma do juízo sobre si mesmo.

O aviso sobre a bandeira.

Noé = intérprete de sinais. O sacassinais. O mensageiro da advertência. Incorporação dos sinais terroristas: — Se não aparecer dentro de uma hora é porque caí.

Acaba nascendo a necessidade de dar um nome ou retomar o nome de **DESTINO**: cadeia: código pra decifrar minha vida não determinada por mim?

Este texto — construção de um labirinto barato como o trançado das bolsas de fios plásticos feitas pelos presidiários. Um homem forte digere os atos da sua vida (inclusive os pecados) como digere o almoço. Os meios que se empregam contra a dor são os que reduzem a vida à menor expressão possível. falsas exaltações. O profundo sono. Anestesia é para os dentes o bem supremo. A atividade aliviando a consciência. Modelo para armar. O modelo do grande romance do século passado. História sanitária: nossas doenças, nossas taras, a baba do babaca, o delírio coletivo dos nossos devotos, a papa de panaca do papanata, perebas, epidemias religiosas.

Vontade absoluta de verdade que não põe em questão a solicitude mesma de verdade.

Mangueiro de doenças e frustrações. Quintal do mundo. os tonéis de leite de madrugal: os ruídos de destarrachamento. Vazio central. Zona mais além ou mais aquém da linguagem. Boca do boi. Boca do estômago. Boca do inferno. ¿Pero tú, Hélene, te irás también con ellos, o vendrás lentamente hacia mi con las uñas manchadas de desprecio?

O texto se masturbando continuamente no seu campo descontínuo. O texto mordendo seu próprio rabo. O texto mocózado. Zona ou cidade... lo podrido es la llave secreta en mi ciudad, una fecal industria de jazmines de cera. O texto embaralhando as cartas. Modelo para desarmar. Charlar a loucura estabelecida. Te pongo en las manos un diploma de verdugo, pero tan en secreto que no puedes saberlo mientras amablemente hablamos de golondrinas.

Tedium vitae. Relógio de areia. Retirada para o inferno paralelo. Passageiros ou residentes do inferno paralelo?

Quintal do mundo. O largo da matriz = igreja no centro da praça e do capinzal ou o agrupamento em torno da casa do senhor colonial. Paróquia cultural. Invocação do santo padroeiro. Plantador de cidades. O bafo dos dentes do dragão. Tapete voador. Desigualdade de ritmo. Desconfio, pois, dos contrastes superficiais e do pitoresco aparente; eles sustentam sua palavra por muito pouco tempo. O que chamamos exotismo traduz uma desigualdade de ritmo, significativa no espaço de alguns séculos e velando provisoriamente um destino que bem poderia ter permanecido solidário.

Chamas de fogo vozes trovões relâmpagos e o grande terremoto. Sinal da besta. Monstros prodigiosos. O caderno de reserva se transforma no próprio texto: o homem com a chave do sismo tocando na clave do abismo. O texto mordendo sua própria língua de dor: o homem com a chave do abismo tocando na clave do sismo. Os otários pensando ganhar a vida manjando de direito ou cantando hinos ao pai criador. O bafo dos dentes do dragão. O bafo da boca da besta. O bafo da boca do falso profeta. Sinal nas testas e nas mãos. A segunda morte. Os novos céus e a nova terra. A cidade de ouro puro semelhante a vidro transparente. Ave imunda. A árvore da vida da nação contaminada. Eis que faço novas todas as coisas. Quem vencer herdará todas as coisas. A queda da babilônia — a visão da grande prostituta assentada sobre a besta. Ballet miserável — mendigos se jogando aos pés dos doadores de esmola: expondo os cotos: proxenetas: putas: passadores de fumo: capitão de fragata ou seja cafetão de gravata: pivetes do Cacique: camelôs às voltas com o rapa: catadores de comidas nas latas de lixo: o grotesco e a caricatura do pitoresco: o oferecimento total: obsequiosidade de colonizados: purulências, fezes, secreções, pus, mijo, lepra. Décor: parede feita de baratas nos Alagados. Volta ao Ballet: exposição pública de mercadorias: barbeiros fazendo barbas ao ar livre: jogadores de dominó vestidos de pijamas: liame imediato com o sobrenatural no candomblé: acarajé fazendo na hora com pibigás em plena rua. Desintegração. Como juntar o continente americano ao continente asiático numa política de 3º mundo?

Am = saque de 500 anos apenas. Os trópicos vagos e os trópicos lotados. Feira brasileira e bazar oriental.

Alegres Tópicos: bagana — papanata — ponta firme — campar com a pururuca — encher a moringa de fumaça — buchicho — xarope — muquirana.

BANANA MALSÃ.

O que me aterroriza na Ásia é a imagem da Europa futura (como esquecer que, a esse respeito, a Europa ocupa uma posição intermediária entre os dois mundos?) que ela antecipa. Com a América Indígena, acalento o reflexo, que mesmo aí é fugitivo, duma era em que a espécie estava na medida do seu universo e em que persistia uma relação válida entre o exercício da liberdade e os seus sinais.

A cópia excelsior interrompida excelsior de minuto a minuto excelsior pra deixar transparecer excelsior a marca. Vou contar **A JUSTIÇA DOS HOMENS** pra vocês — difícil é saber quem é culpado, quem traz a placa na testa.

Ballet miserável: cobertas dormem bem amarradas às axilas das mulheres: ladrões e degenerados e bêbedos e preguiçosos: carcaça de boi servindo de brinquedo de crianças.

O conjunto dos costumes de um povo é sempre marcado por um estilo; eles formam sistemas. Estou persuadido de que esses sistemas não existem em número ilimitado, e que as sociedades humanas, como os indivíduos — nos seus jogos, seus sonhos e seus delírios —, jamais criam de maneira absoluta, mas se limitam a escolher certas combinações num repertório ideal que seria possível reconstituir.

Invenção e saque. Originalidade na combinação dos elementos. Os indígenas se apropriando dos temas dos conquistadores. A realidade se torna linguagem no sinal? ou no sinal = ?

O endurecimento do meu rosto não mais pelo perigo da barra mas pela mesquinhez dos submetidos à mesma comum exterior descrição metafísica do cotidiano dos derrotados... cabeça fresca... ou melhor à mesma comum exterior metafísica do cotidiano... "dos derrotados" não corresponde ao gosto moderno tendo que ser riscado da composição. Uma pessoa pode viver, naturalmente, no inferno — logo de início, sofre algumas perturbações, depois depreende que o inferno é normal. Onirismo miserável: detento botar desodorante e caximí buquê no rego da bunda da bicha detida.

De certa forma era solicitude minha uma situação excepcional que me desentranhasse da familiaridade como no sonho da viagem no vapor barato Pirapora/Petrolina. Tinha todas as ferramentas pra essa vida conventual confinada mas também tenho todos os contravenenos.

Cadeião chocolate. Cadeião pão pullman. Cadeião pão americano.

A revelação do fichário. As fichas dos autores para uso impróprio. Xerox. A alma chinesa. Sinopse dos melhores. Um conto político como cópia das regras de um livro de jogo de xadrez. O baralho de todas as limitadas combinações possíveis do texto. O assistente roubando as anotações do mestre. As manhas de **DJALMA LANDRO** que não dorme no ponto. Lanterna no fumacê. O inventário do saque do universo em progresso. Mark — um americano preso por fumo — com voz de narrador brasileiro de desenho animado de TV. Todas as anotações excessivamente babacas. Crisol ondas. O texto como progressão de uma leitura instintiva — esses cheiros suspeitos, esses ventos virados anunciadores de uma agitação mais profunda — do nosso tempo. O acréscimo pessoal é a matéria fecal defecal merdame merdose rebordame rebordose do bunda mole. Ou o acréscimo pessoal é a anilina ou a podrida cor local. O cara sacana que passava areia no cu para fazer malvadeza com os companheiros. Ou o acréscimo pessoal é o secreto pulo de gato ou o acréscimo pessoal é o sarro a manha de **DJALMA LANDRO** que não dorme no ponto nem dá desconto em serviço. Ou então material excedente rarefação sugestiva mortecimento precoce de nossas cidades mornas carvão cansado das matas derruídas vomitório repleto de nossa brasilidade senil ou melhor senilidade auriverdes. Ou antes abertura do caderno de apontamentos publicação das reservas florestais. Como praquê organizar o delírio do desarranjo intestinal da **KUKAKUKEX**?

Nome prontuário xadrez número ordem de entrada ordem de saída requisição inclusão exclusão de visitas dia de visitas bolsas de fios plásticos o chefe da seção judiciária protocolos recibos expediente coisas e causas recurso no, de de de pastas de indulto apelação remoção sursis revistas dos tribunais comutação mapacarcerário atestado de permanência sessões de cinema livramento condicional revisões prolatação unificação tráfico de maconha lanterna no fumacê: grande romance de Dostoi na casa dos mortos. Relação completa dos livros da Biblioteca Sedes Sapientiae — horário das 8h30 às 12h e das 14h às 17h exceto no dia de visitas — os detentos poderão permanecer com os livros pelo prazo máximo de 15 dias para não prejudicar os demais. Salvar os inocentes perseguidos sem receio dos maus e prepotentes e socorrer os culpados arrependidos ajudando-os na reabilitação são as glórias supremas do advogado criminalista. Quadro envernizado com desenho da balança. A virgem de porcelana de manto de seda desbotado e com vidrilhos esmagando aos pés a serpente de porcelana. Descrição exaustiva detalhada nouveau roman do pitoresco superficial. Ao Sr. Diretor da Casa de Detenção uma singela homenagem dos detentos... eso no puede ser un mero juego, se siente como si ya hubiera mucho de inventado en nuestras invenciones... liviano fantaseo frente a un espejo...

MAPA CARCERÁRIO

Rol de visitas, blitzes, juiz do xadrez, as tatuagens (arabescos, leão com estrela na ponta da cauda, mulher, rosa dos ventos, amo-te).

O passador de fumo de 18 anos preso de novo três dias após sair da detenção. Os ideais do xadrez 506: lazanha dia de sábado à noite: os farisas. Os farisas. Os bunda mole. Os casca de jaca escamoso.

EU, SAILORMOON, de sangue indomárabe, Sirio desponta de dia = **DILÚVIO**, todos os inimigos feridos no queixo e quebrados os dentes e flechado fígado coração rins e esmigalhados — pau na moleira — por uma barra de ferro perversa nas minhas mãos e por esta minha modernidade forçosamente desfibrada e com medo dos grandes bandidos da ordem neste cemitério onde estou preso com a classe média carcerária.

O desfile da travestriz no pavilhão central: a ordem de saída de uma almofadinha de seda. A bicha macumbeira. O dia inteiro de castigo na sala de triagem da bonequinha de minissaia: um espetáculo para as multidões. Cavou um poço e o fez fundo e caiu na cova que fez. A sua obra cairá sobre a sua cabeça e a sua violência descerá sobre a sua mioleira. Exaltação do inimigo sobre mim. Título e assunto do livro. Coleção Documentos Humanos da Editorial Prafrentex que já começa velhex.

Ventre amargo do profeta. O sinal o nome e o número na testa. Os bandidos lendo nos jornais os grandes sinais de como realizariam melhor os crimes de todo dia. Suplantação da bobeira. O caminho do meio: quebrar a cara pra deixar de ser otário. Quem poderá batalhar contra a besta? Ou andará alguém sobre as brasas, sem que se queimem seus pés?

Agudo como a espada de dois fios. Mentira altivez crime guerra vício falsidade. Os caminhos do juízo. Bom siso. Livrar-se da perversidade. O acréscimo dos dias ao justo. Colunas de fogo ao ímpio. As tábuas da lei. Do meu coração. Comer do fruto do meu caminho. Tonalidade do som da Besta: o excesso o escândalo o erro. Ciência do santo: prudência. Fogo descendo do céu à terra. Guardar o mandamento do pai e da mãe. Gibizão: — Este mês conta minha 8ª entrada na prisão. Remédio para o umbigo e medula para os ossos. Tirei carta de malandro profissão de vagabundo. Deus compassando a face do abismo. Correr e não tropeçar. Perder os pés. Ímpio. Não conhecem nem aquilo em que tropeçam. Vida mansa honra graça glória ao sábio e confusão ao louco. Prudência da boa doutrina. Correção. O vinho das violências. Conhecimento = temor de Deus. Comer do fruto do meu caminho. Comer do fruto do meu próprio caminho. As tábuas da lei do meu próprio coração. A excelência da sabedoria. A excelência e justiça dos preceitos da sabedoria. Sabedoria como escudo dos sinceros. Equidade verdade piedade retidão correção. A ciência dos conselhos soberbia arrogância mau caminho. O pecado original não podia ser apagado senão com sangue.

Todas as raças nobres deixaram vestígios de barbárie à sua passagem. Louca ousadia. Indiferença e desprezo. Desprezo da comodidade do bem-estar da vida. Alegria terrível de destruição versus instinto de rancor dos fracos. Os detentos que possuíam alguma coisa no exterior, os pequenos funcionários, os barriga crescida, os que tiveram algum estudo = neurastênicos biliosos. Os rapadores de taco. Os contadores de caso de linguagem inventiva. Duas coisas que não acabam mais: trouxa e pau torto. Os pedra noventa fazendo sempre uma presença. Dois carneiros de chifre não comem na mesma cumbuca. Quando sair da prisão jogar no número ganhar o prêmio tomar uns paus e acabar voltando de novo pro xadrez. Mesma ordem exterior. Triagem por estar esperando comida antes do horário, triagem por desrespeito ao carcereiro. O lançamento simples dos fatos sem retomar o modelo do grande romance não corresponde ao mesmo orgulho do escrivão que leva um flagra deixando tudo pronto pra assinatura da nota de culpa em menos de 40 min?

Manter a tramela da tranca fechada. Uns falam demais contando bazófias do meio que vieram. Tive mil mulheres na vida.

Assinatura da nota de culpa. Triagem. Quando você tiver tirando 5, 6 anos de grade, acostuma. Aqui existe companheirismo. Moeda corrente: maço de cigarro. Agência de advogados não é aqui, amarre o saco na grade. Os advogados do estado nunca aparecem. Seção de ações e recursos criminais. A grande literatura espírita nacional. Mapas zodiacais. planos invisíveis de vida. o grande continente da Lemuria. os povos hiperbóreos. os ádvenas. o terceiro milênio. a mística da salvação. a corrente caínica. a raça caínica.

Detentos em regime de cela forte. Lista de castigo. Detentos em regime de cela forte por determinação do Sr. Diretor por ter sido encontrado portando dinheiro — por ter sido encontrado arrancando as plantas do pátio — por haver furtado um isqueiro de outro detento — por receptação de isqueiro roubado — por haver agredido outro detento com faca improvisada — por haver agredido outro detento com objeto contundente — por haver estuprado outro detento — por haver estuprado outro detento — por haver estuprado outro detento — por determinação do Sr. Diretor de Disciplina por ter sido encontrado trepado na janela — por ter sido encontrado portando gilete de barbear — por ter sido encontrado na prática de jogo de azar — por ter sido encontrado com uma porção de erva denominada "maconha" — por ter sido encontrado com uma porção de erva denominada "maconha".

De outra vez que você entrar sua barba vai crescer aqui. O monte do conde cristo. Aqui todo mundo é totalmente devagar — no fundão você tinha que brigar o dia inteiro. Lá a barra é totalmente carregada, aqui é cadeião chocolate.

Lista de castigos — por ter descido para o pátio no dia de visita sem estar devidamente requisitado — por não se ter colocado devidamente em forma na fila — por ter sido encontrado portando uma rifa — por ter sido encontrado com uma lista de apostas — por haver atacado outro detento com um estilete — observação: o detento... que se encontrava na cela forte por haver desacatado um funcionário do expediente se acha internado na enfermaria do pavilhão nº...

Esta lista de castigos não possui nenhuma sanção absurda sendo semelhante a qualquer regulamento interno de instituições afins — o que existe de absolutamente louco é esta situação louca e esta vontade louca de pensar na sua descrição como se contivesse alguma coisa anormal incomum inexistente. A única coisa que me interessaria aqui é impossível: aprender a passar o tempo. Um homem forte que saiu da cela forte fedendo a bosta. As horas aqui não passam. Me encontro sem distração e nem minh'alma canta ao Senhor e nem sinto minha situação prenhe de novas expansões de vida.

Desenho de um revólver na parede. Desenho e descrição do corpo humano na parede. Nomes de heróis na parede: Nenen de Vila Carrão.

Aqui existe companheirismo. Aqui igualou todo mundo ao nível do merdame. Aqui todo valente se caga todo covarde faz força toda vaidade se apaga. Estreita circularidade de minha vida sempre tornando aos mesmos problemas às mesmas lendas dessuetas: do alto do avião estou lendo um fino desenho de areia por entre dois indecifráveis mares... e como fazer crer que isto não é uma antiga imagem literária?

Vê só, vê só: um caranguejo fez xixi no urinó.

São Paulo, Casa de Detenção, 18 dias janeiro-fevereiro 1970.

self-portrait

— Novilar Novilar — o vale do Canela soa.
— Tobogan Tobogan — o parque do Ibirapuera ecoa.
Em meus anos mais juvenis e vulneráveis...
Estreito círculo da vista: o grilo é um polo do delírio.
Estreito circo da vida: o grilo é um polo do delírio.
GRIFO: o grilo é um polo do delírio.
Que idade é mais própria aos meus 26 anos?
Que idade é mais propícia?
Risque da composição os períodos de obscuridade.

Minha língua — mas qual mesmo minha língua, exaltada e iludida ou de reexame e corrompida? — quer dizer: vou vivendo, bem ou mal, o fim de minhas medidas; quer dizer: minha grande paixão é um assunto sem valor; quer dizer: meu tom de voz não fala mais grosso.

Esta escrita reticente. Causa: embriaguez. Embriaguez, causa: incerteza. Incerteza, causa: continuidade da inconclusa oclusa causa. Quer dizer: o grilo é filho da miséria e do ocaso.

ocaso = acaso.

Período de esclarecimento: com a luta de classe decidida a favor da sociedade existente, a guerra organiza-se contra os que excedem.

Período de esclarecimento: a exceção precisa da regra anterior.

Período de esclarecimento: a exceção não é nova — a exceção é hermafrodita — a exceção quer ser diferente/ melhor/ comum/ pior.

Esta escrita antirreticente. Vantagem é ser reticente neste século generoso. Vã chantagem é ser irônico com a generosidade deste século. Com a genorosidade diabólica deste século de luzes. Atlânticas. Vergonha do estilo próprio, fraqueza de suportar este espetáculo sem condimentos. Luz atlântica: falso nome da coisa nova. E gastar o falso nome é restar com a coisa medianeira.

Crepe crepusculino canto do grilo cricri crilando canto chão canto chato. Opiato — teatro das impressões díspares... o Senhor Diretor me desculpe mas botar um pinico em pleno centro do palco é demais... opiato... a representação do obscuramente sombrio, da curtição enquanto valor de esgotados, da libertinagem com as migalhas do poder, da dissipação de forças, da queda na servidão, do jogo com a minha vida pra ver no que dá. Palreira pala ou paródia?

Paródia caipira.

Corte no papo careca — som: "tou sabendo".

(Edênia e Bizâncio. Os poetas da Bahia que leem Plotino e aprendem línguas estranhas. Amor Amor Amor em que trágico cotidiano tu morreste.)

Les illusions perdues... Educação sofrida...

Tudo isto cheira século dezesseis. Tudo isto cheira século dezessete.

Tudo isto cheira século dezoito. Tudo isto cheira século dezenove.

Um título boçal de suplemento provinciano: Significação Presente do Romance Tradicional.

Um título boçal de suplemento provinciano... Um texto antigo...

Um deus reparador e vingativo...

Retrato do artista quando jovem na tradução portuguesa. A portrait of the artist as a colonized old man. Medo da contaminação. O conto do estrangulamento. A tosquia do velo. Imprensado, tenho uma fé absoluta total no trabalho que estou executando... que dão a sua palavra como quem dá uma tábua de mármore, que se sentem capazes de cumpri-la, a despeito de tudo, ainda a despeito do "destino".

Eu estou cruel e delicado endurecido e educado: robusto livre e alegre. Desde então o homem veio a ser um dos golpes mais felizes da "criança grande" de Heráclito, que por nome Zeus ou Azar, e desperta em seu favor interesse, ansiosa expectação, esperanças e quase certeza, como se anunciasse alguma coisa, como se preparasse alguma coisa, como se o homem não fosse um fim, mas apenas uma etapa, um incidente, uma transição, uma promessa. Amoliação do aviso do bar (patrão degolando freguês) com o texto: Esse aí não pede mais fiado. Quem se entrega morre, quem não se entrega morre. Então bebamos. **OLD MAN CÃO DO BORRALHO REBOTALHO SEQUÊNCIA DE ZEROS EU SOU A FONTE DO MEU MAL**.

A falta de antítese ao ascetismo... e onde ainda resta alguma coisa de paixão, de amor, de fervor, de dor, não é antítese ao ideal ascético, senão a sua forma novíssima e mais nobre. Encerrado no interior. Obrigado a desenvolver-se dentro de si mesmo, abnegação e sacrifício. **SEGUNDA INOCÊNCIA: PELA SEGUNDA INOCÊNCIA**. Coração de leão. Espíritos fortalecidos para a guerra e a vitória, em que a conquista, as aventuras, o perigo e a dor fossem necessidades. Ar vivo. Malícia da saúde plena. Uma grande saúde. Outro mais novo e mais forte do que eu. **AR VIVO**. O bicho roedor. Dissimulação. Inspirar medo. Todo aquele que constrói "novo céu" achou a força no seu próprio inferno. Arrogância. Portas do desconhecido portas do incerto portas do arriscado.

CINEMEX: mulheres em formação chinesa armando uma frase como nos desfiles políticos. uma pessoa com um telefone na mão discando o nº enorme de emergência enquanto é assassinada por uma enormidade de balas disparadas por um pistoleiro.

Meu olhar amansa qualquer animal. Perseguição espancamento do ladrão do Metro de ouro. O segundo emissário do homem — luz primitivo.

Colonialismo ou deboche. o medo do envolvimento na crítica à estética da esculhambação. bestética. Limpa fossa mais divisão rigorosa das águas = temor, paralisação.

Carnaúba do nordeste no foguete da **NASA**.

CHUÉ.

Lanças ornadas de cabelos de fibra sintética hálito de fogo desencadeador de tempestades deus dos guerreiros trigueiros coração forte máscaras com cavalos-marinhos pinaúnas etc.

CORAÇÃO DE LEÃO
SAILORMOON
SAL OR MOON
Foto minha com roupa e numeração de presidiário.
Mandíbulas de ferro.
Pantera, a quente.

Barba cacheada numa ordem tão perfeita se assemelhando a uma divisão de escudeiros.

Campo de Marte. M. (durante a copa a letra M no campo do vídeo.)

Não coração leve e ânimo aventureiro mas angústia do homem perseguido e solitário. o parentesco do desassossego de corpo e de espírito.

Impotência dos sacerdotes. Vingativos. cansaço e senilidade... sublime ilusão de ter a fraqueza por liberdade, a necessidade por mérito. Provação bíblica. Depois do sol. Manter-se em silêncio como melhor demonstração de força.

Camisa de força. O homem que pode prometer o que possui em si mesmo a consciência nobre e vibrante do que conseguiu persistente soberano o senhor de uma vasta e indomável vontade que dão a sua palavra etc.

M M M M M M M M M M M M

Fruto serôdio.

Na dor o auxílio mais poderoso da memória. O direito de ser cruel.

E não poderíamos dizer que este mundo perdeu de todo certo cheiro a sangue e tempestade?

Hoje a dor é um argumento contra a vida.

Os deuses afeiçoados aos espetáculos cruéis. Brinquedos (o destino dos homens, as guerras) para os deuses. Alegria divina do poeta. para dentro. voltar. Recuar. Alma. pequeno mundo interior. jardim de suplícios. falta. responsabilidade. respeito.

Eliminação da vontade supressão das paixões castração o tédio como epidemia nos tempos da dança macabra

(1348). A última vontade: morrer. Atmosfera de manicômio e hospital. A vontade do nada.

JAIL   MENTAL HOSPITAL

pós envenenados mundo às avessas.

Sou um artista começando... a passar fome. Batam palmas senão onde vou bater bombo? não se deve ser médico consolador salvador de doentes.

Irmão enfermeiro namorado noivo, não entrega o ouro calouro não entorna o caldo Agnaldo.

Vai que nunca racha.

Eu sou a fonte do meu mal.

A bênção do trabalho pequena alegria da beneficência mútua pequena alegria do amor ao próximo.

Vomitório. Minha sensibilidade de colonizado: tia amália dindinha mãenhaça dona quezinha bidute biba mirinha dr. licurgo. por enquanto mino o campo verde etc. etc.

Cidade do interior. A cidade do interior como caricatura kitsch da cidade moderna.

BANDA: — Nara, vai começar Antonio Maria.

— Vi ontem Candelabro Italiano. É um espetáculo, um estouro.

— Dio como te amo.

A mulher penteando os cabelos da outra na porta da casa. Trocadilhos do carilho: o mais ladrão é Seu Leal. Etc. Etc. doido sinhô. Made in usa interiorano. formosa emília. bela emília. mangueiro de doenças e frustrações. um cachorro vendo os galetos assando. Tevê de cachorro — máquina de assar galeto. sou macho pra xuxu, ninguém toca em mulher minha. takes de autoridades municipais tomando a bença à mãe, o rapaz rebolando, a moça chamegando, com o cabelo feito moça. quando pega a filha alheia é pior do que tarado. é ele ou ela? com a calça apertada. vestido lascado. ilude o diabo. belisca beija xumbrega numa falta de respeito, a corrução do mundo. honra a teu e a tua: pai e mãe. os fins dos tempos como reza a escritura. anticristo.

Deformação do confinamento. O artista trancado no quarto cagando bustica.

Os fortes aspiram a separar-se e os fracos a unir-se; se os los se reúnem, é para uma ação agressiva comum que repugna muito à consciência de cada qual; pelo contrário os últimos unem-se pelo prazer que acham em unir-se; porque isto satisfaz o seu instinto, assim como irrita o instinto dos fortes. No fundo, todas as grandes paixões são boas se se lhes dá boa direção e carreira. curar a doença ou combater a dor e a depressão com xaropes narcotizantes, curso de aperfeiçoamento da culpa. as penas do inferno... para mim, "melhorar" significa "domesticar", "debilitar", "desalentar", "refinar", "abrandar", "efeminar", "degradar"... de modo que "melhoria" converte-se em aumento da doença. conventículos. o minotauro. serviço de som. a árvore da vida da nação contaminada.

Esses selvagens esfarrapados perdidos no fundo do seu pântano proporcionavam um espetáculo bem miserável; mas a sua própria decadência tornava ainda mais sensível a tenacidade com que tinham preservado alguns traços do passado. sonho de um ser doente cansado de bater punheta. nirvanil. confia no Senhor de todo o coração e não te estribes no teu entendimento. no teu próprio entendimento. peguei o come quieto abri o come quieto.

Nado neste mar antes que o medo afunde minha cuca.
óbito ululante: não há nenhuma linguagem inocente. ou útil.
ou melhor: nenhuma linguagem existente é inocente ou útil.
nadar na fonte é proibido e perigoso.
Enfraquecer e chupar o sangue da vítima.
Berra o poeta — rei do bode: estou brocha.
Um país imaginário: **BODIL**. vê se ri, agora, hiena.
Sete cabos de enxada pralém do inferno.

CINEMEX: FINALE: 3 Killings arrastando 3 caixões (esquifes) — caixão e vestimentas dos 3 k marcados com uma **ASA DE MORCEGO** — descem vagarosamente a rua paralela à av. Consolação. Um cachorro passa com um coração sangrando na boca. Panos pretos nos postes e portas das casas com marca da Asa de Morcego. Coroas de defuntos espalhadas pelo chão. Flores. Tapetes de flores e coroas de defunto. Alguém rezando de cabeça meio baixa, um Killing com uma espada na mão já pra decepá-la. Tua face é como um rio com luzes. Um Killing recolhe as caveiras e tíbias espalhadas pelo chão e vai colocando numa tina já cheia. Um sino amarrado a uma árvore e dois k balançando (som: sirene rp). Tua face é como um rio com luzes diz o amante à mulher amada e se suicidam antes de serem mortos. Os dois corpos são arrastados pelo K para junto da tina de ossos. Um estranho ritual. Um Killing com uma espada na mão. Um Killing com uma caveira na mão. Um Killing com uma bandeja na mão.

Triste tribo. tatuagem do índio com arco e flecha. a eficácia da magia implica a crença da magia.

NOVELA DO DIA: O BOM FILHO... A CASA PATERNA.

    Moço virgem até os 20 anos ficou doido
      gala   esperma subiu pra cabeça dominado
pelo fogo e pela lua e pelo pai   caos
    prisão como cura   entregação   estender
    o braço pro enfermeiro aplicar amplictil falta
de horror **FÍSICO**   à polícia   quem quer
andar precisa se soltar da teia que enreda o pé
o cara passa 6 anos se analisando e vai se fazendo
analista. polícia prende — único contato com
mundo exterior fica sendo visitas rápidas e o
advogado (pai psiquiatra).

Quinta-feira vou visitá-lo   eu lhe adoro
vou levar uma porção de coisas gostosas para você
     um beijo   eu lhe adoro   nada de
novo aconteceu depois que você deixou de aparecer
    de vir aqui   vou enviar algumas
frutas e biscoitos para ajudar as horas amargas passarem com
mais ligeireza   envio também folhas de
papel para os seus rascunhos   isto é um bilhete
o homem nasceu para lutar e a luta traz sofrimento
    creio que a sua   luta é o seu
trabalho limpo   honesto   sério
Claridade solar: a coisa ainda não está tão difícil e
fechada quanto vai ficar. clima de barganha
    viver ocupado nas transações as transas.
    Inimigos que adquiri em 20 anos de profissão
prendendo bandidos   para ser disparado, o sistema de
alarma contra assaltos a bancos apresentado ontem à polícia usa

apenas um botão como de campainha   polícia quer esquema
de proteção comercial nas proximidades de supermercados,
numa tentativa de acabar com os assaltos.
Punheta no ônibus = onanibus.

   Montanhas de lixo crescendo nas ruas   quem
for pego jogando lixo nas ruas ou terrenos
baldios será simplesmente preso.

KLEEMINGS = MOMENTO DE LIMPEZA.

   levantar   a   cortina   pisar de novo o
palco   **MAYA/PODER**
   imaginar claramente   clara   mente   saber
principio
princip
       io
nesta altura onde estou aprendendo as coisas
ontem foi o dia da lua/ hoje é o dia do sol/ ontem fui fêmea/ hoje
sou macho.

ICI-BAS-cenário: pai encerando a casa/ mãe terminando o
almoço e botando a mesa/ filho vendo desenhos anima-
dos na tv/ pai acertando botão de contrastes da tv/ mãe
falando das mãos estragadas pelo sabão/ pai: o que é
que você quer que eu faça?/ pai desliga tv/ pai: vai brin-
car/ interior dia domingo de manhã/ filho chorando: o
dia que eu posso ver televisão ele não deixa/ mãe: não
sei onde estou que não lhe passo a mão na cara/ mãe:
você está acabando meus dias de vida/ filho: amanhã
tem concurso de problemas.

Scenario of the revolution.
   Vivi grande parte de minha vida em fazenda. aquele

toco de pau. write your own slogan: sinta o cheiro dos currais, sinta o cheiro das favelas. sinais perdidos.

Queimar etapas: criar coisas em que não me reconheça — não como traição a um sonho anterior mas porque as coisas criadas são estranhas a todo sonho, anterior a todo passado crer na remissão dos pecados na irrecuperabilidade do passado na constância das águas. sinais perdidos.

Aqui desenho minha caligrafia declaro meu mal decreto minha morte.

Porque há um sentido pra se fazer toda qualquer coisa é que fazer uma qualquer não tem sentido e só vale a decisão que ultrapasse este impasse e descubra uma nova coisa e invente uma decifração para ela. DEUS é o nome e a carne. Mas é mais também: passagem de uma margem conhecida pra um diverso quase invisível sítio.

Que significa a palavra afobado? Afobado significa apressado e com medo.

Estamos na ruína. somos uns malditos para nossos irmãos e para o povo da América. horas amargas estão reservadas para o nosso país. dias sombrios aguardam a américa latina. é preciso bater forte, constantemente, no lugar onde dói. este crime vergonhoso, hoje, nos deixa com vergonha.

Self-portrait. Eu falava mal de todo mundo com minha compoteira de doces caseiros. eu era o mais provinciano dos seres. desses pichadores de ferrível língua. preciso reconhecer um intelectual nordestino antediluviano, não há outra palavra, com problemas homossexuais. um intelectual rançoso ou seja uma casa pernambucobaiana cheia de frutas e águas. vou ficar contente porque sou de uma maldade total e danço por cima de minha foto adolescil.

estou travando uma luta titânica contra a hidra de lerna. já não estou me reconhecendo mais neste assunto fedorento bitritropicalista tipo alfininha biscoito de louça romanesca. Teve uma hora que eu quase morri de comer manga na praça. todo mundo do Brasil na faixa dos 20 aos 23 anos **DEVERIA** achar este meu papo raramente imbecil. Manchete: garotos maconhados seis/oito anos atacam a mãozada bolo dia das mães. pimenta dá onda. a linguagem provinciana é muito por dentro mas não apronta nada. o maravilhoso da véspera já era. é preciso colocar uma luva de ferro no jato do chuveiro matutino das mãos do intelectual nordestino. um/ estilo/ com/ barras/ e o emprego do tu. será que eu sei falar da Bahia como ela me fala de Pernambuco? Ainda estou ouvindo repicando no pique do fim da picada os minos da satriz enquanto no mundo inteiro isso não tem nenhuma importância: hoje foi um dia violeto: batemos papo sobre flor de manacá.

Espaço para welcome o life

Uma escrita automática é sempre reveladora de uma sensibilidade antiga. Mas eu também acho exatamente o contrário porque também tem o que vem de fora pra dentro. do mundo falando pro pernam.

O praça está no terceiro barraco. aquele ali. a voz do chefe era mansa e humilde. não falava como se ordenasse, mas como se pedisse.

— Você, Euclides — apontou para o homão de cem quilos — vem comigo pela frente. Maneco e Sivuca cercam por trás. Paulista toma conta da janela da direita e Guaíba sobe no telhado. Certo?

— Ali vai um bando de otários. Se o Cid Navalhinha, da Invernada, passar com o carrão, arrasta todo mundo. Garanto que ninguém tem documentos.

Simples, discretos, procuravam chamar o mínimo de atenção.

— É pra dança ou é pra cana?

Enorme, como um americano bem nutrido, tinha o rosto e os braços sujos de graxa para encobrir a pele clara. enrolado em sacos de cimento: o fuzil C-I de longo alcance e alta precisão.

— Essa vida é mesmo um barco de merda, navegando em um mar de mijo, impulsionado por um forte vendaval de peidos.

O Gringo levantou e arriou a mão direita ordenando assim o início da operação. Com toda a cautela, Guaíba levantou uma pequena parte do zinco do teto e espiou para dentro do barraco de um único aposento.

— É a polícia, vagabundo. Sai com a mão na cabeça pra não morrer.

esgueirara-se para debaixo da cama. E, com precisão matemática, foi disparando, as balas fazendo sacudir os panos sujos do ninho do bandido. um elétrico da central. ... gritando e batendo nos presos. Alguns apanhavam calados. Estes eram poucos. Os outros sempre revidavam, e sempre levavam a pior. A maioria apanhava e reclamava, tendo o cuidado de limitar os seus protestos aos gritos e choros. Mas havia ainda uns tipos especiais, que se haviam feito respeitar de tal maneira, que contavam com a cumplicidade e até com a capangagem de determinados guardas.

— Vou te moer todo, seu paca. Vou te moer todo, e depois

vou te servir na bandeja pra todo mundo aqui dentro. munhecaços. o místico da prisão.

Take kindness for weakness. Quanto à bondade, não passava de uma fraqueza. E a disciplina, de covardia... Um dos guardas armados manobrou o ferrolho do seu fuzil, um sentinela foi derrubado de sua guarita sobre o muro. os outros guardas se protegeram. o pátio ficou vazio. os primeiros sinais de rendição. usou de um megafone, do lado de fora dos muros.

— Vocês não têm chance de escapar. Rendam-se. Entreguem-se todos.

— Não atirem. Nós nos entregamos. Não nos matem.

Correu. Não parou de correr. Continuou correndo.

— Não fala nada. Bico calado e bota essa joça pra andar.

Mas quando me puseram em liberdade, vi que não podia mais me acostumar a ela. Ela já não me adiantava para mais nada. Sobreaviso.

Acostumado a viver de sobreaviso, a não confiar em ninguém e jamais tomar por exato o sentido direto das palavras. Morrer ou matar. estoque, estoque de rabo, pé de cabra, chaves mixas e um sem-número de outras ferramentas. pendurado no pau de arara recebendo choques elétricos os testículos apertados por alicate. caninha mixa. cana firme. tenho uma mina se virando pra mim no mangue. seus pulsos estavam marcados por escoriações produzidas por algemas. sob o viaduto Negrão de Lima, fumaram maconha e acertaram um assalto contra uma mercearia em Jacarepaguá. pesado casaco de couro, encostado a uma parede, limpando as unhas com a lâmina do canivete. dois blocos de cimento armado, utilizados na pequena cerca que divide as pistas da rodovia. camisa de seda pura do bicheiro. amarravam os marcos de cimento às pernas do cadáver. carros continuavam a passar velozmente e indiferentes pela ponte. já todo lambuzado pela gordura de galinha que devorava com o auxílio das mãos — ardil: tochas de querosene, uma porção de estopa embebida em combustível e amarrada num cabo de vassoura. visão infernal de uma chama enorme a lhes lamber o rosto. debaixo do blusão, uma camisa branca, **VOLTA AO MUNDO**. na cintura, uma larga correia de couro de porco, guarnecida por uma enorme fivela de prata, na qual sobressaía um relevo de cabeça de touro.

CHORA QUEM PERDE   **QUEM BATE ESQUECE**

Para ele, os métodos científicos utilizados na apuração de um crime eram coisa de cinema, para iludir trouxas. Empregava a ação direta. para isso, orgulhava-se de possuir a maior rede de alcaguetes de toda a polícia. submundo do crime. Missão de matar.

— Essa Polícia é a Polícia mais burra da face da terra.

a muamba envolta em sacos plásticos e suspensa sobre as ondas por boias seguras. Por ódio ou por medo. um soco nas costas. depois uma tocha se acendeu dentro de seu peito.

— Meteu ele na lama do mangue? Enterrou bem fundo?

Um tremendo otário.

Está ficando caridoso, com pena de otário?

Gangster de New York metido a malandro carioca. Está no papo. palafitas da praia de Ramos. Bandido, com ele, não tirava férias na Casa de Detenção. Ia direto para a vala, de dente arreganhado. entrar na polícia: ambição de todo deduro.

Pederastas carregadores de marmita no mangue: alcaguetes.

DOCUMENTOS?

E só se pega um bandido solitário, sem comparsas, sem pistas, que não sabe de onde vem e para onde vai, quando se chega a compreender bem como ele é. Quando se chega a ser como ele é. Quando se usa as mesmas armas que ele usa. Bandidos de pequenas notas de pé de páginas dos jornais, aprendiz do bandido. bandido perigoso.

Olhos do inimigo   boca do inimigo   mãos do inimigo   pés do inimigo   oração. paz na guia. encomendo-me. DEUS.   Virgem Maria, minha mãe. doze apóstolos, meus irmãos. glorioso São Jorge. andarei dia e noite, eu e meu corpo, cercado circulado com as armas de São Jorge. corpo preso. corpo ferido. sangue   derramado. andarei tão livre quanto andou Jesus Cristo nove meses no ventre da Virgem Maria. os poderes. as armas. amém.

Olhos do inimigo   boca do inimigo   mãos do inimigo   pés do inimigo   **OLHOS DO INIMIGO**   quem me dera amar Amarílis Amalis, a mulher que da amurada avista a margem do mar   **BOCA DO INIMIGO**   vulto vindo à beira vagas marinhas, falaz, ela me disse: o mar antes mostrava uma solidão total (cortei profunda que ela, falaz, me disse e coloquei TOTAL   que reenvia aos lados), agora mostra calma   **MÃOS DO INIMIGO**   eu disse: todos os significados a natureza suporta   **PLENI   TUDO**   tudo tem um preço disse o poeta   tudo tem seu preço disse o poeta abaixo do herói   **PÉS DO INIMIGO**   cagaço pedido de arreglo   morder minimamente a própria cauda sem remordimentos

NO ESPACE FROM DEATH

Botar a mão no arado e não olhar para trás que o inimigo é célere, é preciso ter cuidado.

Lendária Bahia — um eco sobrenadando do fundo das idades. Esses choques visuais ou olfativos, esse alegre calor para os olhos, essa queimadura deliciosa na língua.

CINEMEX: penitentes E crucificados. 3 killings carregando caixões com cruzes, assustando os festivos, batendo com a tampa dos caixões nos potes de vatapá, alguns k carregando os festivos já caídos entregues ao álcool ou às cacetadas da investida. alguns são arrumados nos caixões.

Poetas da Bahia: perdidos entre se queimar loucamente e a reclusão.

Assunto: catálogo de exposição. Título: Visite São Paulo antes que acabe. close dos pratos de acrílico com pizzas hot dogs etc. uma pessoa comendo gulosa um prato de espaguete (ângulo mais do prato do que da pessoa). outdoor de **PERFEITA PERFEITA**. plano do um mapa da superurb. a paisagem da **SUPERURB** é fantasticamente bela. painel da bandeira na pamplona. o traficante de lugares comuns. lugares comuns inovados. pop pobre. bolos e maioneses. doceiras. a propaganda refletida com distorções no edifício defronte. velhos tira-gostos de bares. mulher entra numa farmácia cochicha de parte com moça vendedora e apanha um embrulho já enrolado de modess numa pilha. ônibus com fumaça escapando. a luxúria do bode é a bondade de Deus. e uma multidão em lágrimas se ficava à porta, em lágrimas, em luto e adorando. entrei então num chiqueiro onde me estendi no meio dos porcos. bar da nove de julho (árvore de corda com ninho cheio de ovos). tumulto de contrários. queimadores de energia própria ou tristes avarentos senhores. o prazer da disciplina abstêmia sexual turbulência festiva. o poeta fudido que anda na Biblioteca Municipal   Macumbar   Brasa   Le Chalet.

Praias de areia fina, rodeadas de coqueiros ou de florestas úmidas transbordantes de orquídeas. Praia do Le Chalet.

Um bar que serve café. saguão de um hotel. visite São Paulo antes que acabe: esta cidade não testemunha nada. cruzamento da estrada de ferro   metrô em construção. dentro de um idioma propositadamente descuidado. cores desmaiadas dos originais com os diapositivos e reproduções.

Poeta baiano lendo Ulisses no sanitário (enquadramento do papel limpando o cu). esforço de cagar. cordão sanitário da poesia. poeta recolhe inscrições mictoriais: cu não é tinteiro dedo não é pincel parede não é papel. as inscrições dos bancos de ônibus.   write with merda: cu é tinteiro dedo é pincel parede é papel. um poeta alagoano numa cidade sem nome   sanatório   construir sequência de um poeta falando de ocultismo e a mulher vivaz falando interrompendo de problemas mundanos.

É preciso fazer denúncias concretas para que as autoridades educacionais ponham fim ao vício da maconha que vai chegando cada vez mais intensamente às escolas.

Enterrar o cacete — morte   sememorte
sementeira.

Superurb. carro fazendo cavalo de pau na praia grande. nem que eu fique aqui dez anos não me acostumo não. travesti. calça de bilhete de loteria.

VIÚVA: ele morreu no cumprimento do dever
luta continua   opinião geral
Antonio não parecia um policial   homem
humilde   fiel pai   marido exemplar
sobretudo amigo dos animais pertencendo
à associação de proteção aos animais
sua mania era cachorros   gostava
mesmo   dentro de um apartamento nove
cães   agora só tem **CAUBI**   qualquer
cachorro de rua era seu amigo quando o
calabouço foi fechado ele teve pena dos
cachorros de lá   todo dia ia levar comida
para eles   apanhava comida nos
restaurantes   distribuía aos cães depois
que saía do trabalho   ele gostava muito do
CAUBI por isso não quero este cachorro
     longe de mim.

O descontentamento popular cresce. cumprir o dever com a história. caráter. casal de namorados com faladeiras. moças festivas (com flores nos cabelos) colocam coroas de defuntos velas flores nas calçadas e os panos crepe preto.

Querer me pôr à prova é ficar aquém das coisas.

Quero voltar ao teatro   eu posso ser ferido facilmente um vagabundo voz fraca   alegres aventuras na juventude.

escrever uma nietzschiana brasileira: sonho de boneca bailarina: fazer: do meu caos interior estrelas a brilhar no firmamento.

Desenvolver em todas as linhas versus confinamento. fim do revolucionário neurótico. **EQUILIBRADO E RADICAL**. In e Yang. Prosseguir. conservadorismo que abomina Nelson Rodrigues e preserva a mesma face perversa: Nelson Rodrigues pelo menos é cínico e fantástico, fascinistro. idem com killing em nome de coisas reacionárias: rio pornográfica. o fascismo está além mais próximo e aquém, num rio sem margens, num rio de cagaço. não tenho a virtude mesquinha de acreditar nas torturas sofridas por um velho comunista de 70 anos que leva a sério um sonho frustrado de tomada do poder. não tenho a virtude mesquinha de acreditar nas torturas: os gênios se castram por si. velho. comunista. e mentiroso. nada de novo pode surgir daí. e se por um texto bastante ambíguo eu for chamado pra depor?

Criar não se prendendo às coisas existentes aqui no Brasil — linguagem do lazer nacional — mas remetendo cartas internacionais. FROM BRAZIL. levar adiante tudo que resultou em mim. Morte às linguagens existentes. morte às linguagens exigentes. experimento livremente, estratégia de vida: mobilidade no EIXO rio são paulo bahia. viagens dentro e fora da BR. deixar de confundir minha vida com o fim do mundo. bodil.

Entradas E bandeiras: entregação: nada ao nível do fascismo: pintor baiano tomou lsd e no fim da viagem tomou mais 3 cápsulas viajou direto não volta mais pra casa. dos pais. Aned'otário.

Passo a mão no meu rosto como numa pedra numa rocha numa coisa do universo.

Regimento interno — edif. don miguel rua avanhandava 65 são paulo.

— é expressamente proibida a entrada de elementos mal-encarados se bem como hippies, beatniks ou qualquer pessoa que por seus trajes ou gestos atestem contra a moral e o bem-estar dos demais inquilinos.

Bota as banhas de fora mostra as pelancas todo mundo nu, titia.

Senhor de todas as situações, incorporando as informações dos outros = profeta. A intermináááááável aventura da linguagem. fumo E guerrilha. onde achar um fumo filme secreto perigoso?

Onda é uma palavra de careta. tenho os ouvidos limpos inclusive porque tomo dois banhos por dia e tiro toda cera. hoje no Brasil todo mundo tem medo de Pernambuco. uma casa de oitões livres e eitos/ leitos de D. Inês. pernambuco falando para o mundo.

Espírito americano expulsa espírito francês. da confusão nasce a luz expulsando da luz nasce a ordem.

Aparecer na tradução brasileira igual a entrar no fogo se queimar. Original:

VIR A LUZ.   **SAILORMOON**   **SAL OR MOON.**
luta revolucionária no veículo de comunicação. manipulação. na década de 70 a utopia europeia do artista como um membro da classe trabalhadora. a direita está mais por dentro, tem uma relação mais esculhambada com as empregadinhas. **FUTEBOL — TARO DA MASSA.** Futebol — taro da massa. o não quero nem saber das classes populares. bicha: amo Rivelino. jogos da copa = maior superprodução brasileira. Grã-fina esquerdistex: vai aparecer um dia um Pelé como Cassius Clay. a vida pacata do toureiro espanhol. a revolução não pode ser dominada pelos reformistas (a respeito dos comentaristas de futebol na copa do mundo intersaltIII) há um país lutando por baixo com a bola nos pés caminho do gol   metendo as caras   pra conseguir no peito. o jogador: sou safado o cara no Brasil não sobrevive se não for malandro. aventura da linguagem. a pilantragem

do senhor tigre. tudo afinal se passa no plano da linguagem. tudo afinal se passa como um plano da aventura da linguagem.

NO ESCAPE FROM DEATH

Vocês querem que eu vire pra cá?
Vocês querem que eu vire pra lá?
O negócio é papar.
Um texto que acaba quando termina. esqueceu o vestido em casa. saiu de qualquer maneira.
Concurso — prêmio — um ano na Ilha Grande.
Só me interessa o que não é meu. de um poeta brasileiro.
O milagre é provisório. O milagre existe, é provisório.

BODIL.

Você esfria vendo um polícia?
Perceber o outro lado.
Comer no prato do leão.
Gal — programa **BIG BOY**.
Big Boy — Gal (**SAL**), quais são seus planos pro futuro?
Gal (**SAL**) — **COMER NO PRATO DO LEÃO**.
Telefonei pro Banco em São Paulo mandei chamar o gerente disse que estava no Rio a negócios e não podia ir pagar o empréstimo vencido. Como um capitalista a segurança de um capitalista. Crônicas de Nelson Rodrigues que José Luiz Magalhães Lins empresta dinheiro pela cara. o óbvio ululante é a mais total profecia da raça brasileira e baiana. terceiro mundo é a passeata de cem mil do colonizador otário. como unir a ásia áfrica américa latina numa mesma cumbuca?

Espero aprender inglês vendo tv em cores. sou uma pinta de direita com vontade de poder um baiano faminto baiano é como papel higiênico: tão sempre na merda. eficácia da linguagem na linha Pound Tsé Tung. sou um reaça tento puxar tudo para trás: li retrato do artista quando jovem na tradução brasileira.

Dói muito, é insuportável, se tudo não se passar no plano de uma aventura da linguagem. **NÃO VOU PRODUZIR MUITA COISA NESTE MUNDO**. Já sei.

Estou a fim de aprender inglês. It's too late... meu destino é o de um irremediável inveterado poeta da língua portuguesa que nunca atravessará os limites das águas territoriais do seu país de origem.

Self-portrait. confessionário. capítulo de memórias. meu cabelo tosado máquina zero. oração para que eles não cortem meu cabelo de novo. não tenho nenhuma personalidade. caráter dá bode. crescimento do meu cabelo. todo poder é provisório. como Sansão, minha beleza e minha força derivam do meu cabelo. não vou produzir muita coisa neste mundo. the body is the message of the artist as a young man. um capítulo sobre meu cabelo. um capítulo sobre minha barba. barba cacheada numa ordem tão perfeita se assemelhando a uma legião de escudeiros. meu colar que deve ser usado com as cinco unhas brancas voltadas para o exterior. voltadas para dentro = sinal de escavação culposa. poder provisório. concluir capítulo com 5 fileiras — provérbio de folhinha — escritas assim:

A FÉ É O GUIA DA AÇÃO
A FÉ É O GUIA DA AÇÃO
A FÉ É O GUIA DA AÇÃO
A FÉ É O GUIA DA AÇÃO
A FÉ É O GUIA DA AÇÃO

Os melhores talentos da minha geração. jail and mental

hospital. não posso fazer terra com tanta desgraça alheia. o poeta rendido que vai trabalhar para não infligir maiores renovados tormentos aos seus pais. Farmacopeia — Cleaver and Rubin. chá oriental e arroz integral. o nível da literatura macrobiótica. controle alimentar.

Montanhas de lixo crescendo nas ruas. sapos. ratos. aranhas-caranguejeiras. apocalipse brasileiro. curso de iniciação esotérica. as portas do templo. a luz do caminho. centros de irradiação mental. monge. vida retirada. caminho da concentração. amanhã não sentirei o menor desejo. o mentalista puro. a bem-aventurança do metodista. os servos do altíssimo. a aflição do povo que está cativo no Egito. brandura não significa servilismo. o grande remédio e o grande médico. os velhos meios têm que desaparecer. epidemia de literatura espírita que assola o país. luz na ásia. setas na encruzilhada. hipnotismo como arma. magnetismo. parapsicologia. o crescimento do culto de Iemanjá inquieta as autoridades da igreja católica. o povo com Iemanjá. Inventário: invenção do otário. Invenção com o que se tem à mão. Instantâneo.

— dissolve-se instantaneamente. Não permitir permanência de nenhuma imagem: um rádio entrando em sintonia tocando todos os hinos do mundo.

Plan for the distribution of 8 loudspeakers. Telemusic.

Memórias do subdesenvolvimento. Aprender inglês pelo sistema nervoso vendo o grande espetáculo das pessoas falando inglês — **NEW YORK** — isto deve parecer provinciano mas não há outra forma de expressão: ir ao exterior.

Melancolia dos da raça de xenófobos... his eyes flashing... velhice precoce do artista brasileiro.

OLD MAN

YOUNGBLOOD YOUNGBLOOD YOUNGBLOOD YOUNGBLOOD YOUNGBLOOD YOUNGBLOOD YOUNGBLOOD

ALEGRIA, compassa um círculo e diz: aqui o tempo é meu.

ALEGRIA, o personagem que não larga o seu instrumento um só momento.

ALEGRIA, o cara que passa a vida inteira em cima do seu instrumento.

ALEGRIA CONTRA OS GRANDES BANDIDOS — A LUTA DO SÉCULO — NÃO PERCAM.

Inimigo é uma coisa, invasor é outra coisa. Invasor contrário de inimigo.

Invasor = mais novo mais moderno mais desenvolvido que eu.

Esta minha foto será vista pelos olhos do invasor?

Como será vista esta minha foto pelos olhos do invasor?

YOUNGBLOOD.

Derradeira photo: mágoas de caboclo: estou levando uma vida de sábio santo solitário: acordo ao romper da barra do sol me levanto saio pra passear nos arredores ouvindo passarinhos indo até a fonte d'água vendo a cidade do alto no sopé do morro do Cristo Redentor do Corcovado cantando pra dentro: ... e não pensava que a desgraça em minha porta passo a passo me rondava.

Edição revista do romance: **O ERMITÃO DE MUQUÉM**: sentado no muro de pedra limo junto à fonte d'água no morro do Sossego ao sopé do Cristo Redentor vendo canários verdicanamarelos bicando pendões roxos de bananeiras só reconheço os cantos de pássaros mais distintos por exemplo bentiví, araponga, essa última ave eu não escutável nos matos daqui, ou caminhando de novo o som das pedras que meu calçado chuta.

BRASISPERO.

eu precisava tanto conversar com Deus: minha vista se compraz com poucos exemplares humanos visíveis.

RESUMO DO ÚLTIMO LIVRO LIDO: míope recusa óculos como instrumento do mundo da eficiência.

roteiro turístico do rio

Feuerbach: riacho de fogo.
Visão do poeta atravessando um RIO DE FOGO.
Locações limitadas às redondezas das moradas do poeta.
Plano da Enes de Sousa — Tijuca — temperança — visita ao Cristo Redentor com duas primas.
Plano de Santa Teresa — Becco da Lagoinha — passeios — Thoreau — os passarinhos do céu — corpo queimado de sol — luz de DEUS — face voltada pro sol — estrada de São Silvestre (fonte d'água).
Plano da Barata Ribeiro — tv — passeios pela Av. Atlântica — casal de homens fazendo reconciliação — as empregadas malucas abaixo da loucura das patroas.
Plano da Barão de Jaguaribe — passeios pela Lagoa Rodrigo de Freitas — encontro com um baiano da cidade baixa (lembrança da Ribeira) — passeios pela praia de Ipanema.
Estácio.
Encontro no Museu de Arte Moderna com dois amigos. chá na Av. Atlântica. almoço no restaurante macrobiótico. declamação da Harpa XXXII de Sousândrade ao telefone (recomendação: remeto os leitores à leitura da Harpa XXXII de Sousândrade).
Banhos de sol nas coberturas da Visconde de Pirajá e da Gávea.
Plano da Engenheiro Alfredo Duarte.
Plano do Centro de Meditação de Santa Teresa — close do monge do Ceilão (vestes alaranjadas) — câmara fecha prato comida forrado folhas bananeiras semelhante comida baiana.

SOM VIOLENTO (atabaques e bongôs nos apartamentos da gebê).

Boca de jasmin do cabo. Viste ele?

O jasmin do cabo, branco, estrela todo o pé e junta seus galhos com a ramaria das mangueiras.
romance da boêmia. cena do balcão. juras de balcão de chope.
aspecto normal de qualquer ponto da cidade, na sua vida burguesa, pacata ou agitada, de cada dia. sombras azuis e clarões amarelados das casas de chope. pintura impressionista da Lapa. sonhada Paris. salão de sinuca do Café Lamas.

Vida laboriosa doméstica.

Canoa preta lotada. citylândia. trivial corriqueiro.

eterno festival de Orestes Barbosa.

Mas, e o vácuo que se irá produzir com o desaparecimento de todos esses familiares "esconderijos"? domínios do lar. trotteuses. parte mais pífia de Montmartre. orquestras.
falecido Hotel Guanabara, de saudosa memória. vielas e cenários de farta iluminação dos bares e vitrinas. esplendores alaranjados onde fervia a cerveja e espumejavam os chopes.
flores-de-campo de Vila Isabel.
Bar Cosmopolita. bonzões afamados. escultura do Elixir de Nogueira.

Publicação em série **DRAMAS DO NOVO MUNDO** — me tornei um santo desgraçado — meu amigo na hora de viajar comentou que eu era o único realmente monge — os outros, arremedo cuspidos em cima e jogados no fogo e tendo lama afogados na lama com estiletes espetando os grandes olhos abertos, aliás não é verídico, assim é porque quero compor despautado — rogar pragas — árvore do agouro cresce no meu quintal quando ultrapassar a altura do telhado da minha casa morrerei com os olhos furados também — coruja branca — meu amigo na hora de viajar comentou agouro agora está na moda — ror de profetas sem conta — mas profeta sim e profecia não tem vez na minha terra (bate no próprio peito indicando o dono da casa a que se refere) — ror de profetas sem conta — eu já conheço todos eles da tv — não vejo nenhum assombro — já estou acostumado — ror de profetas, iam pra onde iam — **CUMPRIR TRISTEZA** — ameaça de pé d'água no ar — oco do tempo — mel do melhor.

Despautado. Juntar todos os meus escritos, botar debaixo do braço, levar pra Drummond ver, bater na sua porta, entrar em sua casa pra ouvir o poeta falar que literatura não existe. pela manutenção do culto aos mestres. do aprendiz.

É assim que começa a morte — embriaguez habitual do literato — preparar uma caravana que percorra todos estados numa campanha, reunião da congregação num magnumbar, pro reforma da literatura brasileira.

Seminário de crápulas. Couro de boi marcado a ferro: **WITH USURA**.

Piedade para com a plebeia gente baiana.

Know how importado: assistir televisão retirando som português: loucura parnazista: tv é linguagem e não língua: já comi tanto papuco de milho que sinto uma galinha.

Criar casco na sola dos pés.

No lugar do coração: osso duro de roer.

RELATÓRIO DO AGENTE SECRETO LONGHAIR
— Fala Cabeludo, central à escuta.

— Levanta o pé que lá vai piche: Erotildes Amorim, de 18 anos, desaparecida após uma injeção de 914 com feijoada. poeira, de repetidas visitas às delegacias policiais. ela bateu com a cabeça na porta do guarda-roupa. especulação do amor pago. voz da tipa. passo miúdo e bolsa dependurada no braço com a mão nas cadeiras. tirava da gaveta uma tabela de preços. se o cabra tirasse os sapatos, era mais caro. otário bem abonado. voz da tipa. e se não abrires tomo oxicianureto aqui mesmo, junto ao teu apartamento. não abres? pois vou escrever um bilhete culpando-te de minha morte.

APARICIO LOGREIRA — o grande escritor empenhado no grande esforço de construção geral exigindo melhor qualidade literária dos nossos escritores — produz o arremate: — Corte de Afrodite, coortes da França, chics demoiselles de France, mulheres profissionais de qualquer ramo de arte, mariposas.

Nos bares os poetas provincianos repetem aos sábados pot-pourri de músicas antológicas numa apresentação muito pálida. poesia declamatória.

Agente **LONGHAIR**: — Fazer um mapa das categorias por zona. determinação das localizações. ruas e preços. rendez-vous de bicha. suadouro. fantasiadas de meninas de 12 a 14 anos, fitinhas nos cabelos, baby-doll, a menina vem da escola de sacola... bicha pelada. Pecadora, Zilda, Anastácia, Mônica, os nojentos usando os nomes cheios de it das novelas de tv. curtição e tranquilidade no rendez-vous de bicha. contrário da curtição de otário. cuca jogada no lance futuro. vigilância. suadouro comendo solto. o esperto é tapeado e paga pra não brigar.

Maracanã. Gralha Nelson Rodrigues: — Estádio Mário

Filho. Maracanã. À direita, Nelson Rodrigues despeja metralhadora: — Estádio Mário Filho. Maracanã. No centro do gramado predomina a cor verde. Atenção: loteria esportiva criou uma rede nacional de futebol.

Videotape do jogo: jovem cabeludo arremessa do alto da arquibancada lá embaixo velho barril de chope de bermudas. charangas. os jovenzinhos machos e as femeazinhas juvenis do Brasil.

Enquanto assistia ao jogo ia esquematizando essa descrição — mesma face de turista estrangeiro... e o avesso secreto — mas não quero me tornar dessas consciências imprensadas tipo espanhol rebelde vendo tourada celebrativa de Franco. Já fostes algum dia espiar do alto da arquibancada do Maracanã?

Filme de terror: torcedor com bandeira do Flamengo desfraldada atravessando rua esmagado por lotação em disparada. SOM: uma vez flamengo sempre flamengo.

VENCER VENCER VENCER

Filme de suspense e ação: briga de torcedores junto ao canal de esgoto.

Torcedor obriga torcedor engolir água esgoto.

Voz off: todo jogador deve ir na bola com a mesma disposição que vai num prato de comida. não prender a bola. vai em frente, tuberculoso. entrar em campo pra ganhar. empate e derrota fora dos planos. a areia faz bons craques.

Disse a lei: essas pilastras pequenas podem ser derruídas mas as pilastras grandes não. gravar sonho de mãe é a coisa mais difícil que existe. as pilastras de alabastro. parece que havia alguma coisa que derruía as pilastras. e uma voz disse: as pilastras grandes não podem ser derruídas. ela contou o sonho 4 vezes. as pilastras pequenas são de enfeite são finas são pequenas essas podem ser derruídas. as pilastras grandes não. ela repetia a mesma coisa: vocês precisavam ver vocês precisavam ver. e começaram a ser derruídas as pequenas e as grandes pilastras. nessa hora ela já tinha contado o sonho 4 vezes. eram corpos e mais corpos caindo rolando ela soluçava voltava e repetia: vocês precisavam ver vocês precisavam ver a voz voltou: ainda tem algumas pilastras ainda. e quando ela olhou viu havia luzes piscando muito esparsamente ela não sabia se estava acordada ou se estava dormindo naquele estado entre o sono e a vigília.

Aquele recorte de jornal parecia notícia do início do século ninguém vai mais andar de bonde na zona sul ninguém vai mais poder andar de burro na zona sul parece notícia do início do século ninguém vai mais poder andar de burro na zona sul saiu no Jornal do Brasil de domingo quer dizer aquela estória de cobra na Avenida Rio Branco é verdade até hoje. **ATÉ HOJE**. Fazer um grande poema pro Rio de Janeiro — espécie de roteiro turístico/sentimental — deixei meu ranchinho pobre no sertão de Jequié — com saudade do grotão: retrato do artista quando brasileiro.

Vício: estou começando a pegar o jeitão largadão de Ascenso Ferreira e sei imitar perfeitamente a voz de João Cabral na faixa Pregão Turístico de Recife do seu disco de poesias — o mar aqui é uma montanha regular redonda e azul mais alta que os arrecifes e os mangues rasos ao sul — estou denunciando j'accuse meus primeiros traços senis, cumpadre... mal da latinidade... e o rock come solto lá fora.

Deixou sua cidade natal pra descobrir a beleza e a vida da Cidade Maravilhosa. Maravilhas que um interiorano vê nas praias de Copacabana — línguas vivas da travessa do

Mosqueira (assanhada/ bruaca muito ordinária/ cachorra corrida/ pendurada nos bigodes dos soldados/ mas não anda, como a tua, agarrando os homens na rua/ é porque passou por perto da tua que só toma banho uma vez por ano/ murrinha de gambá com zorrilho/ perfumes/ lavar roupa, linguaruda/ língua de cascavel/ língua de veludo).

Ninguém foi lá restando inteiro: divisa assinalada.

RIO DE FOGO.

Menino frequentador galinheiros trocador revistas porta cinema olhador fotos seriados batedor punheta pessoa comum legião sub-heróis romances Zé Lins Rego — **EU QUERO A GERAL** — nenhuma família reconhecerá minha foto — punhal legítimo de família pernambucobaiana.

Miguilin: — Dito, você vem me ver lá do estrangeiro?

Nossos temperos resistem no estrangeiro?

Receituário — pra fazer calda botar açúcar no fundo da panela.

Meu coração querendo saltar fora do peito.

Aviso: se avistarem um coração solitário por aí saltando vivo fora do corpo solitário por aí favor devolver no meu endereço sito à rua do sobe e desce número que não acaba nunca.

Pai brasileiro: justiça está aí pra ser cumprida (apresentador de TV aperta mãos pai brasileiro).

Osso do meu osso e carne da minha carne. pode ser chamado homem porque nasceu de mulher. equação. tela de possibilidades. screen of possibilities. perdida inocência do jardim do **ÉDEN**.

A candeia acesa/ janela iluminada/ qualquer momento a noiva pode retornar.

Ele me dizia ter medo eles não fizessem um mero exame

mas aplicassem eletrochoques/ o gênio tomava um negócio pra cristalizar seu cérebro.

Utilizo uma linguagem gasta — embriaguez etc. — e adquiri por mim mesmo direito de escrever na frente de todos e em qualquer lugar como um mestre: o artista nasce da embriaguez: confissões de um velho escritor: a realidade não me contentava busquei consolo na literatura. Suicídio banal do poeta no viaduto do chá paulista como um homem comum: tradução da brava alegria de Cesário... um escritor que passasse toda sua vida recolhendo frases banais. qualquer frase.

Eu virei um sapo eu virei um sapo pula delirando o médico de loucos. situações banais. Que alegria existe em criar um messias caminhando com passos inseguros nestas veredas de pus? Que alegria existe em criar? Que alegria existe em criar nestas veredas de pus? Um poeta é um cara de infinita tristeza. Dentro do carro, por exemplo, a luz do óleo se acendendo e se apagando, pingos no para-brisa, o barulho do motor... imagens fraternas — criaturas das telas — semicírculo lareiro — piano em surdina. Solidão amiga. Tempo. Hertz transístor: conselho nas horas de desespero, meu amigo... hora do ângelus... compreendendo os sentimentos religiosos do povo de nossa terra...

Velho leão precisado de fé — montanhas removem fé — velho leão, necessito de recauchutagem — **FÉ-FÉ**.

Poder escrever com inocência (ausência de amigos em férias em viagens de negócios vez em quando doentes) mocidade (risadas trocadilhos conhecer todas as cozinhas ser dono de um apetite imenso).

Terceiro relatório do Agente Secreto *LONGHAIR*

LONGHAIR: — Mulheres públicas. selo de navalha. Derramamentos de creolina nos sacos de frutas ou gêneros expostos pedradas nas vitrinas arremesso de mechas inflamáveis para dentro dos balcões. cafajas. Aparecer. ter cartaz. figurar em manchetes de jornais e revistas. isso é o que deseja certa categoria de gente. ciência arte bravura esporte. malandro não atinge fama a não ser pela desordem e o crime. capadocismo. covis, hordas da malandragem. sonho de ser Átila Rei dos Hunos: cara de sarará carioca amasiado com uma prestigiosa macumbeira. famílias distintas. equipe de mulheres, mulherio multiforme nas calçadas. Cantora gostosa. classificação do submundo. luto por uma classificação do submundo: categorias 1ª, 2ª, 3ª classe; putas fichadas no cadastro policial.

Admiro as meninas que fogem com os namorados. Larápio Capistrano Logreira.

Poesia declamatória. Larápio conduzia as moças de família aos salões de baile.

APARICIO LOGREIRA (bigode de guias rebeldes, o velhote não cai dos patins) vitupera: — A imperfeição é inimiga da perfeição. Assumo a ousadia de lançar aqui agora um lema que norteará nossa conduta doravante: **FAZER DAS TRIPAS CORAÇÃO**.

Contribuamos, pois.

Invocação à loucura — fazer as coisas sem retocar porque na hora do mais forte eu vou ter que me calar mesmo. coma insulínica.

Os que estão na Glória vão se campar ainda mais.

Soltando labaredas pelas narinas e pelos olhos, berra o escritor num comício reivindicativo: eu sou um escritor estou ficando louco eu sou um escritor as pessoas estão desconfiadas de mim eu sou um escritor elas percebem antes o saque que ainda não cometi.

Um local solitário e calmo para minhas leituras.

Me abstenho hoje de fazer qualquer censura — preparar uma reforma econômico/espiritual — um reino macrobiótico — a tomada do poder pela igreja metodista — substituir as qualidades negativas pelas qualidades positivas.

Já não conheço mais os traços do meu rosto **SENHOR** eu sou o mais humilde dos seus servos nada mais se esconde sob este nome **WALY DIAS SALOMÃO** não tenho nenhum mistério não aprendi nenhum truque nenhum grande segredo do eterno não tenho nada a preservar — instituído território livre no meu coração: o artista nasce da morte. Balança de Salomão anel de Salomão signo de Salomão provérbios de Salomão sabedoria justiça equidade de Salomão breves discursos morais do sábio acerca de vários assuntos convite e exortação da sabedoria aquisição da sabedoria. Minerva, minha madrinha. Minerva, deusa da sabedoria, minha madrinha. Nossa Sra. Aparecida, padroeira do meu mês/país. **TEMPLO DE SALOMÃO**.

Sonho infantil: eu era composto de ouro maciço. Banquete da sabedoria.

Hora do nascimento: 5 horas da manhã.

Local do nascimento: Rua Alves Pereira 14 — sede do município de Jequié/BA.

Atenção: coloca-se à venda para o consumo uma imagem externamente bem conservada sem necessidade de maiores reparos bons dentes etc. etc.

Epitáfio — A exploração literária da sua vida o preocupou de maneira obsessiva. Poeta no Monte das Oliveiras: — Minha alma está triste até a morte. uma nova chance para os auditórios. uma nova chance para o auditório que cantou certo e não desafinou. os candidatos tremendo de medo. a justiça do auditório. é preciso dar nota. entrando numa casa cumprimentar primeiro o dono da casa. o calouro pode estar seguro de que o júri hoje está composto de pessoas humanas e simpáticas. nota e comentário dos jurados. vamos às notas dos jurados. corpo de júri. programas de julgamento. sapateado atrapalhou, o candidato teve que pular o fio do microfone. o centro do espetáculo é o júri. dureza. hora melhor de criança é da meia-noite às sete da manhã quando está dormindo. nas nossas tevês exaltação do cara de pau. nas nossas tevês o reinado dos regionais. assunto pra coluna jornalística de crítica de TV. honrar a cadeira em que está sentado.

Confissão auxiliar radiouvintes labiríntico seriado **POETA LOUCO** — revelado fio meada espantoso **CRIME SÉCULO** — fervilha redação jornais — retorce entortecido plástico lápis/ tinta — (terminando assoar nariz ou mandar pó pra acender máquina) repórter policial esfrega patas superiores — telefones retinem sala redator-chefe — corre-corre corredores edifício — **DESVENDADO** caso luzes misteriosas cegaram agente segurança (exibe vitorioso recorte jornal véspera): — **EU SOU POETA LOUCO APEDREJADO CALÇADAS**.

(Suspira aliviado coração nacional)

Sou um camaleão: cada hora tiro um som diferente: espécie de Himalaia Supremo da Cultura Humana: um Corpus Juris Civili qualquer (confirmar depois se Civili se escreve assim ou não).

As pernas bambas de quem vai ser preso. artista andando de casa em casa mostrando o rosto e dizendo — estou embriagado estou embriagado. pessoa falar assim e escrever assim (celui qui doit mourir) não vai mais poder olhar as outras pessoas não pode mais viver (caneta na mão e caderno em cima da perna dentro do ônibus). e se alguém assim levanta a mão do caderno e vem falar de suicídio?

Sofrimentos do jovem Werther. estou propondo agora o suicídio coletivo. qualquer filme no gênero Eu contra o mundo.

Você sabia? Você sabia que o último long-play de Caetano Veloso em 1968 ia se chamar Boleros & Sifilização?

(minha memória não pode precisar mais com fidelidade/ certeza).

Teatro Nacional de Comédias. o poeta é preso. qual a profissa? interrogatório policial do poeta. poeta responde: — poeta. porrada no poeta. o poeta é colocado para fora do veículo de acordo com a portaria nº 005 de 22-4-1966 — solicitação de auxílio da autoridade policial.

DO IT **DO IT** **DO IT** **DO IT** **DO IT**

Velho papo do intelectual de minha cidade interiorana natal que falava em italiano o lema: traduzir é trair.

Vim pro Rio ver como é que é. Vim pro Rio de Janeiro só pra ver como é que é.

AVENIDA SUBURBANA.

AVENIDA ATLÂNTICA.

Estou trocando meu caderno de poesia pelo seu amor. poesia popular. sempre detestei a imagem do poeta provinciano fracassado. reprise do plano do poeta chorando num bar provinciano/ noutra mesa um poeta velho falando severo da ingenuidade do poeta preso. ficarei louco quando me separar da minha **JUVENTUDE**. tenho pecado tanto, **SENHOR**. tenho sido tão orgulhoso. tenho abrigado tanta ira no meu coração — ninho de serpes venenosas cabeças inquietas pela dor de não poder amar meu semelhante irmão poeta louco indestrutível. estes combates imundos dilacerarão meu peito, **LORD — SENHOR DOS EXÉRCITOS —** forças para que eu não ceda.

Gênios e mais Gênios. Gênios e mais Gênios — o mais portentoso elenco já reunido numa telenovela. dentro de pouco tempo estarei estéril. fertilidade passageira. causa: assassinato dos fertilizantes. vontade assassina que dirige minha vontade minha voz.

Vocês são liberais? Vocês acatam bem os seres supersensíveis? Fuck them. poetas no fim da vida. tristes figuras. cavalheiros literários. Fuck them. ingrato, seu destino é o borralho — sulfuroso elemento. porque me desprezaste assim? ingrato, seu destino é o desterro — desolado elemento. tenho o peito sangrando das almas românticas. tenho os amores fracassados das almas românticas das raças doentias. se eu for pego falando mal do meu irmão (serei eu guarda do meu irmão?) não é por censura é por desespero por não poder lhe livrar a cara do rabo violento de foguete que ele está pegando. reduzir tudo a uma guerra entre as pessoas — o fraco e o forte — reduzir tudo à tal fragilidade incorporada à nossa linfa (ex-vermelho sangue) e à nossa carne.

Fazer um seminário científico sobre comportamento dos cínicos (exemplares de Palhares pulhas crápulas — presidido seminário pela ficção científica do século **CONSCIÊNCIA IMPRENSADA — FUCK**).

RIO DE FOGO. inscrição numa garagem: **COVIL DE LOBOS**.

Plano do rapaz do bar da esquina lendo livro de aventuras de Rafael Sabatini/ câmara percorre bairro tranquilo.

Meu Deus — a letter of advice — deixei o livro aberto no poema — marca de fita vermelha — pra ela perceber as lágrimas roçando minha face — gesto furtivo corrente no meu procedimento atual.

X   X   X   X
Fase das belas resoluções. Palidez altiva de Julien Sorel.
X   X   X   X
Welcome o life.
X   X   X   X
Ainda tenho energia para não ser viciado pela mentira/ ilusão: não quero o eterno. Retorna às telas — Efêmero, o terrível — Efêmero, covil dos mais temíveis bandidos — Efêmero, coiteiro dos fora da lei.

As pontas da radial. radial sul. radial norte. radial leste. radial oeste.

Restabelecer casa dos bourbons: febre do absoluto
— queimar a luz dos meus olhos — **SCORE** — tesouro dos grandes mistérios — velocino tosão de ouro.

GRÃ-FINA DA PESADA (superoito a tiracolo): — Nasceu-me a ideia de conhecer melhor o black-ground. andar pelas delegacias recolhendo material. eu namorei um assaltante — o rapaz quando viu a polícia de longe — carrão preto — me deu o revólver pra guardar dentro da bolsa. era um dia frio — eu estava numa praça cheia de bancos. toma conta desse revólver aqui — um revólver niquelado duas cores — sempre fui muito esperta, os homens nunca me levaram. perigo que eu já passei neste Rio de Janeiro. fui acidentada duas vezes. um jogador me deu uma bandeira linda. o bandido se coçando o tempo inteiro, eu não podia adivinhar que aquilo era um assaltante. noutro dia a faca fria roçando meu pescoço minha nuca. vai ser esperta lá debaixo d'água. fico dando conselhos às novas gerações. telefonema do português do armazém da Avenida Brasil. duas horas da manhã, eu na cadeira sentada, os homens pensando em me carregar pra casa. na ponte da Leopoldina. pegador de mulher.

estrangulador, arrancava os pescoços delas. conheço cada lugar. me meto nas barras não fico como essas acomodadas. nunca saem da linha. fui operada e o bandido — uma cara de louco medonha — me dava pontapés rompeu os pontos uma hemorragia pavorosa. ele me abraçava dizendo estou com a cabeça queimando. a polícia veio me trazer em casa. eu com a máquina na bolsa. um segurava firme em meu braço, deixou marcas — isto foi de outra vez.

Aparício Logreira, dono da lavanderia de textos CLEAN WATER. material bruto. material semibruto. 1º tratamento. 2º tratamento. ação de enxaguar. esterilização da roupa. tratamento completo CLEAN WATER.

Vi cinemas muitas fitas fui no Corcovado.

Povo sem memória, precisamos retornar ao samba-canção.

Pílula de pessimismo — paisagens amigos amores nunca mais pensarão minhas dores.

Mas agora que eu já sei como é que é.

Quadro se completa: dentro de pouco tempo ficarei cego — triste já estou — é próprio da raça portuguesa fabricar fingimentos — face batida pela luz do Senhor — TUPÃ DESDENTADO.

Quero voltar bem depressa...

Curta-metragem amador: pontapé no traseiro do nosso personagem/ porta torna a fechar/ personagem ao relento/ casa fechada/ ele sentado no mato acuado pelos cães. Mensagem voz off: é um ato de piedade internar este homem. eu não tenho medo eu tenho pena dele gritando estou me acabando.

... pro sertão de Jequié. Jequié — cidade SOL. Toca Asa Branca, Avilidio.

Sou muito pouco hábil na arte de aconselhar (me falta técnica capacidade competência) — **MEU NOME É SAL** — meu dedo indicador — branco de **SAL** — traz **SAL** pra você — perante — lamber — minha mão grande.

Mas agora que eu já sei como é que é.

Poeira do mundo. sem pouso. outros sertões. ontheroad.

Pequeno teatro para os ouvintes de casa.

Palácio do xeque visado — de casaco de couro rasgado às costas, **ELE**, o costumeiro, avança, agitando manuscritos nas mãos, para **ELA** — **A FEITICEIRA** — Grã-fina da Pesada (superoito a tiracolo).

ELE: — eu maltratei você machuquei espanquei chamei Gertrude Stein de merda rasguei seu dinheiro cuspi em cima mas agora sou seu escravo e lhe dou parceria no samba-canção.

ELA, Gertrude Stein, trauteia **EU NÃO MEREÇO AS MIGALHAS QUE CAEM DA SUA MESA** — termina de arrumar malas — parte para Aeroporto Internacional Voo Rio de Janeiro/ New York — pensa consigo sentada no avião: viajar pelo mundo inteiro carregando bandido, fim da peça manjada de Nelson Rodrigues "Lugar de leão é no circo".

(garçonete entra trazendo refresco no copo de papel).

CIDADE MARAVILHOSA.

Ponto maior do mapa: beleza e a vida da cidade maravilhosa.

Caderno atravessando Atlântico colado à parede da barriga mais caneta no bolso = excesso de escritores brasileiros viajam pelo mundo.

Próxima atração — lançamento do personagem **DONA EXCRESCÊNCIA** — a mangadora da nossa sorte — ela atravessará o Atlântico estenderá suas visitas e dirá:

— Que merda de século.

(Já nas gráficas, em fase de acabamento, o prosseguimento deste folhetim intitulado — **MY WAY AGAINST BABYLON**. Desde já reserve seu exemplar. My way against Babylon, o escritor se apresenta melhor que nunca.)

the beauty and the beast

UM AMIGO HUMANO.

Você entenderá que eu sou uma pessoa que trabalha o tempo inteiro agora, fica bolando coisas se virando para criar condições de trabalhar?

Um profissional sem oportunidades nem queixumes.

Dentro do espelho minha imagem ameaça perder a nitidez dos contornos e deixar assomar um exército de monstros anteriormente invisíveis (filme de agente secreto — alguém se penteia no espelho sem saber que é seguido em todos seus movimentos do quarto vizinho). esta carta por exemplo é um texto de amor. furo meus olhos para alcançar alguma medida de eternidade. medida de eternidade: **SOL** — divindade alada de larga e solta cabeleira. enquanto não aprender inglês vou me sentir um ser inferior. aprender a mecânica da língua inglesa. on becoming. the dictionary. the english-portuguese dictionary: **BRAINWASH**. a source of enormous pride to me. I'm in my bull stage. a voluptuous bride. I was more embarrassed than shocked. a terrible feeling of guilt. frames of reference. I felt that little tension in the center of my chest. the same tensions of lust and desire in his chest. a keen insight. the funky facts of life. and the one I am now is in some ways a stranger to me. it keeps him perpetually out of harmony with the system that is oppressing him. a lot of people's feelings will be hurt, but that is the price must be paid. I am more concerned with what I am going to be after I get out. the price of hating other human beings is loving one-self less.

Projeto de export: pornophotos pro mercado progressista.

Construir the english-portuguese dictionary: brainwash and know-how.

Projeto de import: gaiest letters. know how. alargamento dos círculos de relações.

LIMPEZA.

KLEEMINGS = MOMENTO DE LIMPEZA.

I have returned from the dead. ruas da cidade.

Exílio ostracismo de **ODISSEU** dentro de sua própria casa.

Fundação de uma grande firma importadora-exportadora de refrescos e restauradora de lentes de contato (experiência própria: passei a noite passada com meu olho cortado).

Escrever dois manifestos **ORAÇÃO AOS MOÇOS** intitulados: o primeiro, "A loucura desserve a causa do povo", e o segundo, "A dispersão e o folclore são as armas da grã-fina corruptora **MECENAS DO LEME**". Introito ameaçador do 2º manifesto: — Se a Mecenas do Leme começar a me sacanear vou saquear o apartamento dela.

Ampliação do dicionário: Rescendência: neologismo latino por analogia com transcendentia; significa retorno, em sentido descendente.

Eu agora estou conversando com arquétipos. o poeta mandou me dizer...

Estrela de beira, do abismo.

Compromisso com o eterno.

Eu sou um puro, não me venham falar de comércios sujos.

Vendilhões do templo.

Sara intelectualizava os peidos, Sara intelectualizava os arrotos.

Tristeza: passei o dia escrevendo.

O sonho da juventude latino-americana é participar dos festivais internacionais de rock.

Quando eu dou risada não é só complacência com o seu estilo, mulher diabólica.

As feras que comem a favor do nada.

Vamos filmar esta parede com uma estranha fera desenhada?

A besta berra no corredor do edifício polícia jornal primeira página escândalo em Copacabana quero telefonar pra meu pai quero apanhar minha mala vai ser escândalo **POLÍCIA, PLEASE** escândalo em Copacabana se a polícia abrir tem coisa na minha mala (agachado debaixo da porta) canta estilhaços sobre Copacabana super-heróis supercagões não tem homem aí dentro não estilhaços sobre Copacabana polícia tem coisa aqui. o dia em que recuperei meu casaco mágico. eu sei de tudo. corta essa novela assim na terra como no céu. quero minha mala. galinha decepada cortar a cabeça dela. eu já morri, mulher. ele está provocando — aqui em casa não é sanatório. **ESCÂNDALO EM COPACABANA**. aqui pra você. você se vendeu também. menino fraco ele só anda se vendendo pra falar assim. quero meu filme. venha buscar amanhã. você mora aonde? lá na delegacia ele explica. põe no táxi. eu empresto dinheiro. pessoa amiga da família — sem condições de hospedar. amigos de família. cuidado para ele não entrar aqui em casa. você é um artista precisando de tratamento.

Recado pro sábio: não há mal algum a expiar. pesadez, parálisis, humedad. cresça e apareça. frequentação dos lares ricos. doces finos (fios d'ovos). Permanência da cerveja. exaltação do poeta interiorano à cerveja (Ó loura etc.). fuck. declínio da arte brasileira. mapear os gêneros de incapacidades (por exemplo, estilo cínico). lutas das cidades entre si. Paz: despedaçamento dos cidadãos. instaurar conceito de decadência. recenseamento de frases e gestos. bostejar. caderno de rascunho escrito na capa "Qualidades do artista brasileiro" e subtitulado "debilidade fatalismo sujeição servilismo". tratado de entomologia: gusanos & sanguessugas. escrever um ensaio intitulado: "O que faz falta aos artistas brasileiros?". Resumo-resposta clássica: dureza de diamante. novela exemplar do pai do cantor brasileiro Caetano Veloso: raconto de alguém que cresceu tanto que só pode morrer no mar. tornar realidade todos os grandes personagens. tudo me impulsa para o coração do mundo **SWINGING PLACE** (receio ser entendida a presente frase como um deslumbre psicodélico).

ele está em casa de parentes. telefonar pra tia dizendo que não tenho mais condições de hospedá-lo. guarde a mala aí, amanhã venho buscá-la. esta senhorita é a dona do apartamento. o porteiro, os moradores no corredor do edifício. os moradores precisam dormir. a função do porteiro não é policial. a senhora estava muito afobada. dona da casa, colegial de saia azul e blusa branca. a senhora não pode continuar assim — eu chamei a polícia geral outro dia. você está me incomodando. eu desculpo, pior é para os outros moradores. eu boto ele no táxi. pronto. joguei o fumo lá embaixo na área no vão do outro edifício. chego nos lugares e percebo as pessoas como personagens de um drama louco. por exemplo, monstrinho do quadro de Velázquez. outro personagem sou eu mesmo que tendo recebido uma carta indecifrada, fugindo dos bêbados e cínicos, personagem da Ilha do Tesouro cantando. "... e uma garrafa de rum", tomando cuidado porque jejum demasiado é perigoso, subindo ao centro de meditação no alto de Santa Teresa, encontrando o monstrinho do quadro de Velázquez, exclamei: — A arte é extensão do corpo. eu expliquei pro polícia tudo: acompanha ele até o Flamengo. eu fiz tudo. a polícia ignorante do Brasil. eu não posso ficar cedendo sempre. dependência. querendo impingir a presença. um ranço de partidão. de clubão. eu não suporto este tipo de mentalidade, eu passo mal com este clima. minha casa de praia. vou mudar para outro apartamento onde possa fazer meu barulho. vou arranjar uma cobertura. rica. mora com a mãe. apartamento claro. vou te mostrar um filme que você nunca viu. ele estava se abandonando. a polícia entrava e revistava tudo. esta porcaria não cabe aqui. eu quero ser seu amigo eu não sou uma mulher sacana foi ele mesmo quem chamou a polícia ele pediu a polícia.

O saqueador sabe que não pode se entregar.

Jogo de cartas: a figura real.

Não entendo mais nada dos assuntos desta cidade, "seus" cagões. ninho de cobras. pensar que o mundo inteiro não passa do interior da Bahia.

Bahia é também um ninho de cobras, "seus" cagões.

Vaziez central.

Ver o filme de trás pra frente plano de um coqueiro plano de um coqueiro no filme do sofrimento do poeta. filme do poeta como tufão não cabe aqui. Tudo no Brasil faz parte de uma grande peça de Nelson Rodrigues.

Eu me saio bem   você também.

Ele chamava pelo médico nos seus momentos de loucura.

alargamento do círculo de relações na esfera da sua profissão. ponto do mapa. inclusão dos sanatórios no roteiro de visitação obrigatória desta cidade. pinel. sanatório botafogo. engenho de dentro. quem falar mal daqui não presta, aqui é bom. meu amor (grita a louca) venha cá minha vida. hiena chupando carótida de defunto quente, já foste algum dia espiar etc.? carniceiro sangue escorrendo dos cantos da boca, que andas comendo no pátio do asilo?

— Cuca de gente.

Eu fiquei assustada porque o policial era debochado. será que levaram ele pra delegacia? todo mundo sempre foi preso. passou uma noite na cadeia. o porteiro botou a mala dele na cabeça.

Altar para a besta fera não invadir a porta das nossas casas mas ela já está figurando na parede com os lábios vermelhos rasgados e uma coroa de chifres e o nariz bufando fogo sobre os nossos telhados desfocados — a cabeça recortada da fera na parede abaixo do xuíte de luz. já é muito tarde. meu amigo poeta louco desceu em mim. o gesto que dirige minha mão. Meta para o artista brasileiro: mediunidade dos pais e mães de santo (carece coragem e soltura para isto se inscrever como possibilidade real). capacidade de incorporação.

vontade de voltar pra casa. tenho medo de perder as forças engolfado num clima de samba-canção — ciúmes ressentimentos vontade de se embebedar nos botequins baratos. rosto do meu pai colado ao meu. nome do livro na capa: Narcisus £ Oedipus. amor amor amor em que... centro do planeta. vamos fazer vários filmes pelo mundo. sul da Espanha. A besta é uma montanha crescendo de tamanho e a cidade é um oceano. de lavas. meu casaco medalha rosário. imagem de Cristo. meus males não têm cura. negro labirinto dos teus olhos é a minha vida. absinto dos teus olhos: minha vida. nós vamos pros Estados Unidos

mas somos outra raça. cambía el tiempo. alma venenosa.
mi dolor. mi amor. suerte padecer. traiçoñera e venenosa.
Piedade   Alívio   Perpétuo Socorro.   minha morte.
uma dicção comendo as palavras que fala. carretilha.
CORRER SANGUE descarregar a máquina. ele levanta a
tampa branca da caixa do violão onde está escondida a
metralhadora... agora apontada sobre minha testa. frontal. porta da morte. tirei o cu da seringa: mordomo de filme policial: exumador de cadáver ou exumador do corpo
enquanto vivo. Mandar cortar a cabeça de toda a população — sangue de todo povo assassinado. ela percebe bem
a respiração de todas as coisas dentro de sua casa. sou um
doente optei pelo dinheiro — fala o médico de loucos: isto
não é uma metáfora, indica: **PSIQUIATRA**. o dia em que meu
casaco me foi devolvido. será que ele veio com uma carga
de atração para o sanatório?

as mãos dos loucos o corpo dos loucos transmite um vírus,
este casaco foi usado durante todo este tempo — ausente
de mim — por um louco no sanatório. me trancar num lugar
retirado lendo **ULISSES** setembro inteiro.

SETEMBRO: o diário da minha vida ser esta leitura.
rosto copiado dos demais   saudade   saber outra língua. pequenas pilastras. grandes pilastras derruídas. montanhas de corpos inertes. por que não se levantam estes
corpos inertes?

demônios   serpentes de fogo   **FAUSTO E O DIABO**
PRESENÇA DO SENHOR
minha própria imagem copiando o acontecimento era mais
louca que os personagens loucos da cena louca. espectador do filme.

Dor de contemplar minha face imbecil: **LITERÁRIA**. será

que já me entreguei à morte?
coleção íntima — o cara sonhou a vida toda em aparecer 8 vezes por dia nos noticiários dos jornais. em vão. quando morreu seu nome apareceu trocado nas notas funerárias errata: no lugar de Hediberto deve-se ler Herivelto.

Ave de agouro: toda grandeza deve ser varrida da face da terra.

Carta pra Prometeu. de Ulisses.

Prometeu numa trip. delírio £ rigor. vontade de pensar uma situação até o fim   ROCHEDO

Qualidades do personagem Prometeu — determinação tenacidade resistência.

Resistência (endurecerá seu coração até a morte).

Apoteose a Prometeu: odeio fraqueza odeio gente fraca odeio pessoas fedendo a cervejas odeio fracassados

Amor devoção fé absoluta e total
campo de concentração: reeducação pelo trabalho permanente.

DANÇA.

Apropriação — papo apropriado: arrogância do grande artista. o grande artista sugando a seiva de todo mundo. o grande artista — único corpo balançando. escrever uma frase inteira sobre a dor. o grande artista subindo. como numa caverna. numa caverna a caveira do grande artista. **FRASE VERDADEIRA**: cai sobre mim abate sobre mim o peso da minha imbecilidade: trabalho e dinheiro. sucesso na vida. **UM DEUS GUIA MINHA MÃO** (para todo o sempre ou voltará ela a tremer atraída pelo período anterior?)

Você é o lado mais claro do mundo.

Você é o **SOL** (olhos afiados sobre o **ROCHEDO**).

Casa sobre a rocha.

Início da viagem, Ulisses dentro do barco (tapando os ouvidos contra as sereias): — meu barco vai partir num mar sem cicatrizes.

SAIL

OR

MOON

Estou cuidando do meu corpo. quando eu falo estou esperando o sol voltar de novo ao sol mesmo que estou me referindo. em Santa Teresa eu estava mais queimado do que agora. acordava cedo. passeios £ passarinhos.
e assim só se você me ajudar de perto. **ANÚNCIO**: alguém com habilidade para pensar uma situação até o fim oferece-se como secretário ou coisa que o valha. não quero que esta carta lhe deixe triste nunca fique triste comigo eu sei atravessar a escuridão com os olhos firmes abertos. estou um santo quieto cruzo minhas mãos fortemente para que as coisas aconteçam. meus grandes amigos os poetas malditos se estraçalhando entre si como cães. nisso tudo cruzo minhas mãos fortemente e sonho uma **ORDEM** de **BELEZA** terrível. felizmente tudo foi ilusão.

Joias do senso comum: o artista se nutre não de artifícios mas da energia plasmapandora:

TECKNÉ: campo de concentração: reeducação pelo trabalho permanente. banhos de mar. caminhadas ao ar livre.

DANÇA

Como um grande artista do passado choro o desaparecimento de toda grandeza da face da terra. não me preservo de coisa alguma perigosa pra alcançar alguma medida de grandeza. Chamado telefônico do louco/ estou morrendo/ confissão corriqueira do louco longhaired ao telefone.

Reprise incessante nos palcos & telas: Huis-clos e Terra em Transe.

Farsa própria da época: alguém se fantasia de grande artista e se **ISOLA** como eu. e leva seu papel a sério até o final da peça. (Finale realista: quebra a cara ao pisar os pés na rua.) ponto em que estou. superexcitação dos seres submetidos a um longo padecimento — **GRANDEZA** dos poetas portugueses. seres submetidos.

O GÊNIO DA RAÇA ESTÁ LOUCO. anda dizendo o gênio da raça: **TUDO ESTÁ TÃO POUCO**. nota de pé de página: seu filho é o outro. **SEED**. tudo está tão pouco diz o gênio da raça e sai a semear loucura. o gênio é fraco porque se leva a sério e leva a sério seus inimigos. o gênio é franco: não vale nada ser gênio. **HUMILDADE**: o gênio se utiliza de **MIXTUR** e da calma necessária. da morte.

dicionário onírico: sonhar com arroz = fartura.

TUFÃO: não vai mais ser permitido os grandes poemas da submissão — anotações roubadas do poeta louco.

Consultar num dicionário técnico, não metafórico, uma expressão para a doença: poeta louco. não metafórico: os cães ladram à sua passagem. o cão laureado ladra à passagem do poeta surrado. poeta louco. ainda posso descrevê-lo como objeto.

Pergunta da personagem recém-inventada **DULCE DE MENBRILLO**: — Em que lugar eu vou ficar no panteão, ao lado de Dante?

(Público arromba os portões do estádio pra ver o grande jogador.)

Destino vegetal — doravante buscarei as situações próprias para o meu crescimento — isto que minhas mãos fazem é tocar o fundo dos abismos.

GUERRILLA THEATER

Camões saindo das águas segurando "Os **LUSÍADA**s" avança para um camarada.

Camões (alevantando nos ares o livro salgado da criação): — Salve este meu poema. É a herança da raça.

Camarada: — Queimar este poema é um ato sagrado e santo senão daqui a pouco você vai fazer um poema da descida do poeta ao coração do Brasil.

Nasceu de mim, nasceu de ti, nasceu de um beijo — amemos o eterno. cumprir as ordens do eterno. minha pátria é o eterno.

Comercial de tv

locação/dia: Santa Teresa/1º de setembro.

Imagem — menino se desprende do bonde vindo se espatifar no capô do táxi que me transportava, salpicando de sangue minha camisa azul-ferrete.

som — estrelá estrelê o sinal da viração amanhãe olha o
 céu ficando roxo amanhãe olha o céu pegando fogo
 amanhãe.

Ônibus — sou o único passageiro do lado do sol.

OUTDOOR: Foto — alguém estendido tomando banho de sol.

letreiro: **INSÂNIA IN CORPORE SANO**.

Regimento interno da Poesia Provinciana — artigo principal — o respeito ao mestre e o tratamento de mestre como a mais usual saudação entre os paroquianos.

Com tanta dor com tanta dor nasceu Manuel Bandeira.

DANÇA
LUZ
SOL

resistência do material submetido a uma dura pressão

Jogo de moedas do I — Ching: minha mudança de pele. mudança de pele.
AMOR
ALEGRIA
SAÚDE
FONTES DA VIDA.

Nasceu... nasceu... nasceu... — amemos o efêmero. cumprir... efêmero.
... pátria... efêmero. Efêmero, um personagem de olhos abertos e rilhando os dentes o tempo inteiro. Efêmero: um personagem friccionando os músculos com energia. Efêmero: não se sente estrangulado. Efêmero: o que não está reduzido unicamente à poesia. Efêmero: o que não pensa "se as coisas não se organizarem diferente, eu me campo". Efêmero: nunca escarnecido pelos jovens nas calçadas.

A poesia é a eterna fonte da juventude.
Paradiso
PARADISE HOTEL
A POESIA É A MINHA PÁTRIA.

Vendo o quadro, dizia o sacerdote: Fora do amor... não há salvação.

Terapia ocupacional preventiva: tenho de me exprimir de qualquer forma senão fico louco.

Slogan de comício político: **O POETA PRECISA SER ALIMENTADO.**
As aves do céu.
HERANÇA DA RAÇA.
Efêmero, o terrível.

*Trailer: **A HISTÓRIA DA MINHA VIDA**: o poeta andrajoso, papéis caindo dos bolsos, escarnecido pelos jovenzinhos das calçadas, arremete:*

— Cambada de otários.

Prochainement dans cet écran.

Fazer um grande poema intitulado Humilhados e ofendidos.

NÓS, OS BRABOS. MINHA CIDADE: SWINGING PLACE. ALEGRIA.
My first name is...
My middle name is...
My last name is...
and my full name is: **NÓS, OS BRABOS.**

ariadnesca

**ESTE HOMEM VIVE DE GASOLINA HÁ 7 ANOS
BEBE 2 LITROS POR DIA**

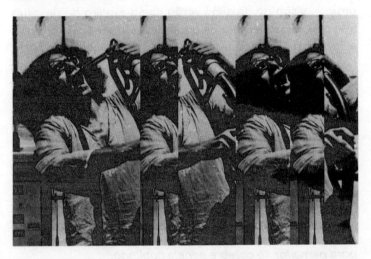

Roque Gomes Mariano, que mora em Itapetininga, já foi notícia em NP. Este rapaz da foto é o tal que nós informamos, em 25 de maio do ano passado, em ampla reportagem, viver só de gasolina. Não de arroz, feijão ou bife. Nem frango ou pizza napolitana. Gosta mesmo é da "gasosa", esta fedida que serve para automóveis e caminhões. Mas, como gosto não se discute... **SOCIECRETA.** Aumentar a tiragem do adjetivo: cavernoso. Exclusão dos farisas. exclusão dos amadores. navegantes de água na canela, go home. Aventura & concentração. teto do mundo: aventura & concentração. fora do domínio público visível. **CLAN DESTINO.**

A primazia da notícia é nossa: no dia 25 de maio do ano passado, portanto, há quase um ano, **NOTÍCIAS POPULARES** *publicava com o devido destaque, e em absoluta primeira mão, a história de Roque Gomes Mariano, o homem que vive de gasolina desde os primeiros meses de sua infância.*

praia — visão do próximo verão como espaço do desastre (reclame da caderneta de poupança utilizando A cigarra e a formiga). fundação da sociecreta denominada **SPARTA**/ casa sobre a rocha/ núcleo de manutenção e reabastecimento/ regeneração dos tecidos/ aperfeiçoamento da capacidade de invultar/ rezas e regras pra invultar.

Roque Mariano não sabe o que é arroz, feijão, batata, verduras, nem outro alimento qualquer. Quando sente fome se alimenta apenas de gasolina. Nunca bebeu água. Roque toma dois litros diários de gasolina e mora numa casa de sapé, a 30 quilômetros de Itapetininga, no distrito de Alambari. Ele tem arrepios quando vê água. Não toma banho, nem bebe o líquido. Seu pai é mecânico e viúvo e mora num barraco vizinho da casa. Roque detesta a companhia do pai e o agride se pede para pernoitar no casebre por ele habitado.

O FENÔMENO

Milhares de pessoas, inclusive de outros Estados, têm procurado conhecer esse fenômeno de Alambari. Roque que mostra prazer em beber gasolina ou aspirá-la num lenço na frente dos visitantes.

O pai de Roque conta que ele ainda recém-nascido já tinha o hábito de tomar gasolina que se esparramava na sua oficina de consertar bicicletas e montagem de carros leves. Com essa oficina a família vivia regularmente e tinha o bastante para dar alimentos sadios ao menino hoje viciado em gasolina.

Toda vez que Roque era advertido a não tomar gasolina, chorava copiosamente e os pais para não vê-lo chorar deixavam que ele ingerisse aquele líquido que sobrava pelo chão dos reparos dos carros.

Os pais receavam que ele fugisse de casa, se lhe fosse cortado bruscamente o terrível hábito. Poderia, inclusive, roubar gasolina e causar maiores dissabores para a família. Para evitar isso, sempre permitiram que ele se "alimentasse" bebendo gasolina.

Roque Mariano foi examinado várias vezes por médicos de Itapetininga e já esteve internado em Sorocaba, mas os especialistas não conseguem explicar o estranho hábito. Também não apresentam nenhuma indicação capaz de curar o rapaz.

De condições financeiras simples, o pai do infeliz rapaz não tem recursos para custear um tratamento em hospital especializado em desintoxicação, mas gostaria que alguém se interessasse pelo caso e internasse "o menino" no Hospital das Clínicas.

BEBE DE CANUDINHO

A grande satisfação de Roque é quando os que o visitam são proprietários de automóveis. Pedindo licença, Roque retira a tampa do tanque do veículo e, com um canudo, passa a beber a gasolina.

O Hospital das Clínicas poderia atender a este caso, ou mesmo a Secretaria da Saúde, pois o rapaz tem um procedimento anormal que precisa ser corrigido.

Pátria, score a alcançar; name: after against. Clan solidarity. T.F.P. vencendo todos os rounds contra turma da pesada (heavy gangs): voz de meu pai de minha mãe de meus irmãos de meus amores de meus amigos descida em mim ocupando meu espaço determinando minha vejez.

Almoço de Roque é 2 litros de Gasolina.

MOÇO VIVE DE GASOLINA HÁ VINTE E SETE ANOS!
Pleurer, não. expedições exploradoras. **EXPLORAR** é o lema.
trecho de uma carta: mesmo porque... precisamos reagir
contra o despedaçamento, mesmo porque... há pelo menos certos corpos que eu não quero ver despedaçados.
nome extraído do arquivo da cidade de Argos volume lata
de azeite: Puríssimo de Oliveira, autor da peça, em fase de
ensaio pra encenação, denominada *Cólera do Justo*.

Frates, onde (glosa de um comentador: encontrá-los) no território ocupado?

Amigo — palavra fácil de pronunciar.

Referência para ilustração: Castle to be built in a forest.

Nesta casa ele nasceu. Nesta casa ele vive até hoje. Pobre. Mas sempre tomando a sua gasolinazinha...

in Sparta, Spartacus: programa de vida real em que
SACRIFÍCIO perca acento de culpa e ânsia de crucificação
— navegar é difícil, viver não é difícil.

imported analyses.
    CONSTRUCTION. background: world's disorder.
    YLAW SAID OÃMOLAS. prof. aula de austerofilismo.

Não na indaga do que perdeu quando deixou sua casa, YLAW SAID OÃMOLAS organizou seminário — por uma estratégia de vida para o artista pobre — e lá descreveu o estado miserável em que caiu: relatório de conferência dia 26 out. 1970: Estou cansado do meu gemido. não vim aqui para ser feliz. semelhante à luta dos povos tricontinentais, eu preciso de vitórias como marcas, atestados do meu avanço sobre os filisteus.

(adia discurso ao ouvir rumor de passos na escalera.)

me segura qu'eu vou dar um troço

Poeta: o ponto mais alto. Cristo e o Diabo. jogar nas costas tudo de bom — jogar nas costas tudo de ruim — ver pra que lado a balança pende, pra que lado é mais leve.

Guerreiro: *sou pela industrialização da dor. bota a cana na moenda — moe a cana na prensa — bebe sumo caldo de cana. não ser mais um a engrossar as fileiras lúmpen dos grandes centros.*

Poeta: vou fazer uma letra de música utilizando os versos "A mão que afaga é a mesma que apedreja".

Guerreiro: *tomei muito vidro dos comprimidos* VENCERNIL. *já estava sufocado desde o ano passado.*

Poeta: nem dentro de casa nem na rua consigo realizar o programa equilibrado — Correr e não Tropeçar. para criar preciso antes superar a dor. estou frágil, qualquer raio me atinge na varanda no terraço da cobertura.

Guerreiro: *nas ruas sou o máscara de ferro. cara dura. remember trecho de Maquiavel sobre profeta armado que deu título de livro.*

Poeta: trouxa nos ombros. chuva de inundação. não verei o chão. árvores do campo batendo palmas à minha passagem. águas de Noé passando sobre a terra. espadas fome Bestas feras peste. sigo sem camisa. posto à parte.

toda a cabeça está enferma e todo o coração abatido.
infelizmente, nasci sem direito divino à sustentação sem
fazer esforço.

Guerreiro: *chacal — sou irmão dos chacais. no teatro das ruas,
a apresentação do Vulcão de Aflições — peça donde extraí
a moral: se eu não me garantir me estrompo.*

Poeta: eu me arrependo eu me culpo quanto era maluco
estirado na praia estourando a veia na areia. tudo está
tão pouco. como eu era louco.

*Guerreiro: dificuldade de manutenção nas grandes cidades.
problema de fiador. acuado pela ofensiva inimiga. despre-
paro. subúrbio antes de voltar. ao interior. enxotado. debi-
lidade: confiar só nos músculos no pique na raça: carência
de programas/ planos/ projetos/: desarmado diante dos
obstáculos: dilapidação dos recursos encontráveis: lance
de todas as forças duma só vez: inexistência duma política
de reserva e antidispersão de forças: fraqueza indolência
moleza formação provinciana do espírito.*

Poeta: personagem de romance, jamais troquei os sonhos
pelas transas. futura legenda tumular: ousou sonhar mais
alto. Don Quixote, tenho formato homólogo ao do livro.

*Guerreiro: organizar organizar organizar. agora, o acaso é
portador de desgraças. joelho fraco como água e espadas
polidas como relâmpagos.*

Poeta: também. nenhuma diferença: utilização de metáforas.

sempre presente entre nós, Coelho Neto camuflado de Nietzsche leninista. equivalência das metáforas. pulgas dos ratos que infestaram nossa cidade neste verão. coceira. noutra noite, o pavor de me coçar o tempo inteiro estendido no colchão até meu corpo se tornar uma chaga viva aberta sangrando. quero gozar da comida: quero gozar da bebida: quero ser bom quero ser amante quero ser amigo mas não consigo: sobre o tatame, os gusanos me servem de coberta.

Guerreiro: *poeta como carro-tanque. se enche e se esvazia de dor. único programa que ele concebe: suspensão da dor. sobre o vale da aflição, o bálsamo da religião. mais swing. muito mais swing queste "Covas nas curvas do caminho" já é manjado. dor não vale como caução. o poeta burguês barrigudo já levou toda nota que restava pra pagar plañideras. o gosto rico da versalhada do Frederico avacalhou com este assunto. otário é quem acumula dor sem reinvestir, sem capitalizar, sem aplicar e tirar lucros.*

Poeta: inicio o dia sabendo diante do espelho que é difícil demais manter a porção "Sem medo" da divisa "Sem medo nem esperança". Já acordo me sentindo cansado. sou muito novo e fiz pouco esforço na vida pra ter perdido o embalo. minha ocupação é inventar metas pra atravessar, ver através — exemplo atual: anarcisismo.

Guerreiro: *nasci no interior do Brasil — minha dor é minha dívida de dinheiro — toda minha ação são peças jurídicas advogando meu direito à alimentação. campeio. batalho. Vou fundar uma empresa* **GROOVY PROMOTION** *que ofere-*

ça serviço de tradução às editoras, série de reportagens aos grandes jornais, bole faixas slogans frases pra camisas, glossários para pesquisadores, resenhas, copidescagens etc. vou arranjar dinheiro botar um táxi na praça e dirigir pra ganhar a vida. qualquer dia destes eu vou pros States criar um dois três numerosos filmes underground. acordo cedo não saio pra me divertir pouco papo pra não ser levado de roldão, e as pessoas de negócio são terríveis — quando falo seguro, argumento com inteligência, sei fazer transações, sou astuto, aprendi a entender de negócios promissórias, ir falar com gerente de banco ou avalista do empréstimo vencido etc., tudo bom, tudo bem, mas quando uma pessoa se apresenta campada, sem dinheiro, a aflição estragando os negócios, aí ninguém segura que é pau de bosta.

Heil. minha luta por uma cara bem-sucedida.

Heil. senão sou expulso da cidade.

Poeta: quando na rua alguém fala comigo "Oi, gente boa", penso que é pra alguém que passa ao meu lado queu passo absorto — duas metades a sonhar.

Guerreiro: ... abrem a porta da kombi e mandam o cara sair correndo... os jornais não dizem nada. luto pra não me manter longe dos jornais das ruas.

Poeta: juvenil alimária escrevi o verso — sou um jegue na tarde pastando paisagem — e agora sonho publicar um livro que seja instrumento de libertação. como zurra o lacaio local. "O plá do Brasil é a fé."

me segura qu'eu vou dar um troço

AUMENTO PARA NOVA EDIÇÃO

Quadro: durante recitativo poeta-guerreiro, helicópteros sobrevoam local com a faixa: "Quem não vive para servir não serve para viver".

Guerreiro: *forças vivas, não há mais forças vivas. eu é que tenho que me aguentar.*

Poeta com cajado escreve na areia "Como José de Anchieta".

Guerreiro: *Que fazer se quero me sustentar com o que produzo?*

Não perder os pés, não entrar pro sanatório — criar condições pra que o delírio seja medida do universo. Este é um programa radical porque desencobre a pergunta título do volume "Que fazer?".

— fa — tal —

LUZ ATLÂNTICA EMBALO 71

1

Sempre torci o nariz pro subsurrealismo.
Yo mismo soy un oscurantista de la extrema derecha — escribo obscuro.
Tiros tiros tiros tiros na televisão.
Que perseguição morar nesta casa cada coisa caída no chão apanhada decifrada como sinal. até a febre dominar meu corpo os fios os bolos de cabelos os dentes um por um começar a cair.
Dezoito brumário, pisar o palco com a máscara da cena precedente... sempre deixei morrer meus impulsos... tomar os céus de assalto sic itur ad astra... e como **CARNEIRO   ME** adoecia. canto de galo canto de galo canto de galo 3 vezes Pedro Pedro Pedro perdi a memória, sou sempre o renegador de passados gloriosos, ímpio trairo infiel.
Temos em comum, eu e os policiais, ódio asco aos hippies nacionais, à nossa campada hippielândia on the road. viagens miseráveis vapor barato. um silone qualquer expõe desilusões descrenças desgostos. pronunciamento durante cerimônia de auto e heterocrítica: abaixo a passividade re-pre/ regressiva da horrippielândia patrícia.
Preencha os pontinhos do Jogo de Memória: quem teve essa coragem de assumir essa estrutura e fazê-la...
(disco Ambiente de festival).
Confissões de um ex-convicto morboso cabotino: não

chegarei muito longe não realizarei grandes coisas. mermardal. mergulharei no mar e como boa bosta não boiarei. saio me arrastando até o xuíte de luz e acendo/ o tiro disparado em meu calcanhar/ essa febre me viciou — olhos vermelhos gonocócicos de Cosme diante de mim, gânglios inflamados — o organismo. em cima da cama minha mão ainda consegue firmar a caneta sobre o caderno e escrever: Sinto em mim o borbulhar do gênio.

repeat now: o poeta em seu leito de morte. objeto de cena: taça de cicuta. antes de sorver o líquido — **FA — TAL** — declama o verso: Criança, não verás...

Equivocábulos: estou louca pra me levantar e ler o novo livro do poeta Anjos de Campos via língua viagem linguagem Augusto. por enquanto Eu e outras poesias: tumores chupados feridas cancros pus esprimidos.

Sigo incendiando bem contente e feliz sigo assoviando a música que fiz: cil cil cil o hippie é um imbecil o hippie é um imbecil.

Bahia — paraíso pro inferno sem sal sem sol são paulistano.

Luz atlântica 62 — uma década inteira ceguei a luz dos meus olhos debaixo de tanta luz. Atlantic 71 — salguei seguei minhas águas. Rui Espinheira Filho me escreva dizendo se já escrevo bem me remeta as traduções de Onestaldo de Pennafort em 62 ou 63 ou depois era mau poeta e fiz um verso horrível: negro dos fuzis posto nas praças.

E agora? e agora?

vou lançar minha lanterna fora.

Homework: escrever um texto aproveitando o nome daquela revista publicada no passado brasileiro **VIDA DOMÉSTICA**. ser o cronista duma ligeira época.

Genial Más. conheço bem o Rio de Janeiro suas promessas veios sinais linhas montes marcas essa cidade essa claridade, conheço bem. as luzes alongando a lagoa.

PAISAGEM LUZ SANTELMO

Não me ufano do meu amor não tenho amor e se tivera nada nele me ufanara. lombra e langor. temor e tremor. incerteza de possuir alguma coisa **INDESTRUTÍVEL** dentro de mim.

Gerado numa matriz madre mãe humana, distraído dos meus dissemelhantes, sigo só, **SENHOR** com minha vida desgraçada; de perturbador não escrevo nada, felizmente felizmente. Só, só escrevo coisas autobiográficas — um personagem — sonho de ser fundador de império face serena força total no coração (herança que se perdeu) — português — sem dinheiro sem gládio sem luta por fazer sem **SENHOR** pra se socorrer. coisas autobiográficas: gemidos duma alma torturada. felizmente. suspiros sertanejos dum atrasado atanazado. Vou fazer uma pergunta ingênua:

— Você torce pra que tudo meu dê certo?

Rio fev 71

2

Legião de amigos — **INCONFIDÊNCIA**
ser membro da nação baiana
cantar a grande raça baiana
ay meu coração de vidro
la guardia civil me pregunta donde voy
me voy a mi casa
mi madre
la hijita de mi hermano mayor
mis hermanas casadas
mi otros dos hermanos — Jorge — y el menor — Omar

Frede — amigo mío — leyendo S. Juan de la
Cruz en su catre
sufrimiento de mi gente
lloro en la orilla de la mar
Bahia carnaval 71

3

Durante algum tempo ficaremos ausentes desta coluna preparando os letreiros em português para o filme Cidadão KKKanalha.
(extraído de **"A HORA E A VOZ DO CONTENTAMENTO"** órgão da cadeia **GROOVY PROMOTION**.)

4

VIVA A RAPAZIADA

— fa — tal —

LUZ ATLÂNTICA EMBALO 71

Aumento para
as terríveis novas
(qualidades do personagem, recepção, exortação, exaltação)

1

Jovem tonto torto com
Nenhuma nostorgia.
Metapromessa mantida: não voltar as vistas para trás.

Sou eu quem durmo tarde
    quem acordo cedo
    quem realço tudo
    quem não tenho medo... causas a que destinei meus dias.

Qualidade do personagem quando desacorrentado: **ESTAR ACESO**.
Que herança de herege me trouxe desanimação e me arrebatou arrebentou a esperança?
Os apesares obrigam: volta ao primeiro verso:
Nenhuma nostorgia.
Sou índia sou virgem sou bela sou forte sou jovem sou sadia sou pura.
Sou pura — tenho que atrair capitais com meu papo minha figura.

Triste figura de rei dos fracos: desempenhar uma atividade lucrativa: escrever carta circular pros amigos pedindo dinheiro:

Não ser funcionário: ter sempre um ponto de vista errado louco sobre ESTA realidade.

2

Abutre aponta o bico pro meu fígado/ desce pra bicar abalar arrancar meu fígado de acorrentado.

3

Pensamento político. o poeta — um dos meus personagens — fala: outro dia pensei me suicidar não pratiquei não relatei a ninguém pra não influenciar mal meus amigos. ter amigos, os meus. ser merecedor do amor de minha mãe. confiar nos outros.

Fingir praticar a literatura de expressão pessoal: vir a ser campeão nacional de piadas e trocadilhos.

4

VIVA A RAPAZIADA

diário querido

eden edenias edenidades:
Gosto de zanzar zanzar feliz zanzar no aprazível ar passeios grandes espaços latifúndios nalma, dia inteiro sentado no alpendrado da casa sobre a lagoa passei relendo voz alta João Grande Sertão: Veredas; noitinha noitinã saio me sentindo mateiro solitário leitor, assim quando apareço, sertanejo leal sem ânimo competitivo sem jagunçagens sincero sério sereno sertanejo leal devagaroso destes que aprenderam a ler o escrito das coisas licenças rogando ramo jasmim branco sem peçonhas cheiroso nas todas duas mãos pra trás sem figurar fera estrita parecença nenhuma se sabendo vezeiro nos usos fiduciais desusados, defronte dos ditos amigos carieocos, mesmo fogem assustados do leão do meu coração.

Sailormoon: este sumo retrato, o dedo de Deus no gatilho: Sailormoon:
— Valei-me Prinspe peixe do mar.

Guerreiro, sob matraquear de metralha, retruca recupera fala: — De primeiro, pinguiçoso, só perdia ponto; agora, mateiro matreiro, ganhei malícia malandra. lutar em todas as frentes: andar sobre as águas e saber o caminho das pedras. sereno doido manso ouriçado: um só e todos. sadio sarei sanei — cicatriz não trago, eu quando estou cansado durmo. sadio — tomo minha dor de cabeça como prova de que tenho cabeça cuca pra dependurar peruca. venho vindo: errando e aprendendo, como no livro da Maspero sobre cemitérios andinos. quebrando as caras cavando outras caras. hoje apresento um grande defeito: estou forte num reino mor mar de mesqui-

nharias desconfianças cansaços. mas nem esse gênero grande trágico trago: organismo vivo — meus olhos abertos agitados criando esquemas de agir num grande centro. estou todo jogado pra diante, enfim.

Poeta: demarcando o tamanho do círculo que vou dançar no centro, minha fé: vou morrer no momento certo. minha fé: vou durar o tempo certo pra desenrolar ainda algumas coisas no mundo. durante certo tempo: quietude **ESTADO DE GRAÇA LUZ DE DEUS** se movendo em meu rosto coração se expandindo nos afetos afinidades — nenhuma raiva, só satisfaz. provisória precária alegria.

ALEGRIA
Alegria pra apreciar as coisas.

Entra em ação — Tabaréu arrojado.

(recolhido no fragor das batalhas — copyright Groovy Promotion)

um minuto de comercial

Me segura qu'eu vou dar um troço é um livro moderno; ou seja, feito obedecendo a uma demanda de consumo de personalidades. a narração das experiências pessoais — experiências duma singularidade sintomática, não ensimesmada — se inclui como aproveitamento do mercado de Minha vida daria um romance ou Diário de Anne Frank ou Meu tipo inesquecível ou ainda como meu capítulo de contribuição voluntária para o volume Who is who in Brazil.

Uma imagem à venda; comprem o macarrão do Salomão. salada do Salomão.

Noutro sentido, Me segura é muito tradicional, é uma versão feita por um lumpendelirante e pouco talentoso do grande romance Ilusões perdidas ou Recordações da casa dos mortos.

Morte dos valores liberais (a festa acabou...) e sacação dos swinguinificados novos.

Sintomas regressivos. paisagem de desintegração. SIMdrome/ NÃOdrome.

Está escrito no meu carro: BUGRE.

O interior caminha para a capital. Waldick Soriano, cantor das brenhas, se torna ídolo nacional. retorno ao clima do grande teatro de Martins Pena ou da grande poesia de Catulo da Paixão Cearense.

O Sertanejo em edição nacional. Proteger pé-duro, gir, todo gado do gabarro.

Cláudio Cavalcanti quer se tornar fazendeiro boiadeiro. Wanderley Cardoso ajunta dinheiro pra se tornar criador de gado gadeeeeeiro aboiador de gado. importantes grupos de

nossas altas finanças interessados na restauração da revista que fascinou fasci fascinou as gerações passadas: Careta.
OXALÁ.

No plano geral da minha vida produtiva, Me segura é o primeiro passo na luta por criação de condições/ espécie de paródia caipira de Irene: eu não sou daqui eu não tenho **NAGRA.** abertura dum veículo pra escoamento da produção. respiradouro. manifestação agônica, terápica. restauração telegráfica. publicação do mofo material podrecido pela demora na imbecisa prateleira editórica.

É assinado pelo poeta-guerreiro descido em mim — **SAILORMOON.**

A pontuação delirante e a construção atomizante (por certo procedimentos suspeitante "vanguardistas", atrasados e repetidos) não escondem que o autor derrapa no mito colonialienador do grande artista. hello crazy people, o papo de Big Boy e a volta do Conde Afonso Celso dos Incríveis garotos que como eu amavam os Beatles e os Rollings Stones and Hendrix são as expressões sadias da nossa juventura.

Me segura. queu vou dar um troço.

Onirís nebuloz, livro pessimiz, a roupa suja por brainwash.

Transcrevo a seguir os reparos que o metamorfóssil escriba Aparício Logreira fez: "A linguagem contida e presa semelha qualquer péssimo escrivinhador nascido em terra portuguesa. Portugal. Confiamos que nos futuros volumes o autor se apresente mais desembaraçado e solto". nos beirais dos telhados, andorinhas.

Apontamentos de apropriação dos autores lidos, sinopses e frases feitas livrescas, conversas, histeria das sensações, doença infantil do drop-out leftista. remédio contra asfixia. identificação com a produtividade repressiva e seus heróis culturais (Prometeu). exaltação da autorrepressão, valor do esforço, resistência de Santantão à tentação.

Me segura queu vou dar um troço apocalipopótico. TRASHico. retarDADAico.

Final dessublimador: não sou escritor coisíssima nenhuma, não passo de um leitor A-pressado B-obo C-alhorda vá desfiando letra por letra o ABC do cretinismo até o Pê de pretensioso, leitor apressado bobo calhorda... pretensioso de Sousândrade Oswaldândrade Guimarosa ou seja leitor do certeiro corte dos concretos. leitor dos fragmentos 45 e 81 da edição brasileira bilíngue dos Cantares.

(opinião papo piada papagaiagem palragem palragaiagem da parenta prima na pensão: quando garoto gordo guloso comia uma lata inteira de goiabada nos passeios Oswaldinho era existencialista Oswaldinho era hippie.)

Aluno primário pouco apreendedor, leitor precisado de aprender, aprimorar. ABC

....

(Press-book de Me segura:
gémissements sobre atrofias da geral condição humana, as artes do ó limpo. livro de entrevistas sensacionais revelações dum virando vero esquizo lubizome.)

....

aluno se levanta escreve no quadro-negro:
leve leve
que a vida
é breve

e do disco grava, no caderno na cuca no coração, o cartaz:
I NEED SOMEBODY TO LOVE
Dedicatória: pra você WITH LOVE

"O autor ainda está tateando atrás dum estilo" — fulmina Aparício na seção de crítica de livrarias do grande jornal. inspirado no Aparício traduzi a expressão *Skinhead* — Aparício Logreira, o cabeça pelada cabeça raspada. "documento da precariedade de recursos numa época" — Aparício's in "Libro librium".

Me segura: reclame contra a fome. chave do conto: construção dum personagem co'a candeia vela acesa no cofre trancado travado do coração.

Acabada a fase Me segura queu vou dar um troço, duas vertentes criadoras se abrirão pra mim:

1) Reeeedição da coleção de Poemas Portugueses
(meu barco roído o casco etc.)
2) New times in Babylon
(memórias novayorquinas numa língua porto/ guesa errante)

Roteiros de viagens — percorrer o inferno da América Latina. Groovy Promotion patrocina pária pedinte protagonista d'Andanças dum andarilho nos Andes. mendigo da South Am. amerindicância.

Dublagem do educador: com sem grana viajar pelo mundo. reescrever reviver repetir reeditar republicar reportagem "Saga sem grana dos beats" — com certo atraso.

Viajar pelo mundo.

Dublagem do educado: levar retrato irretocado — SEM TRUQUES.

Adventuras do coração leve alegre do cantor amoroso. sem sufoco.

Para quem fica... Tchau... e bênção.

(Receita da salada do salomão: Restaurante macrointoxiótico:

alimento: arroz desintegral;
modo de preparar: miserável work in progress;
no pirex: baboseira besteira bosteira bobeira)
End no repertório de ódios e nas deixas de queixas. The end.
Neurâncer? never more
Neura neurança neurâncer.
Abaixosss literalteraldosss literotáriosss literaturasss margineurâncerosasss
Sincério sem truques:
VOLTADO PRO MUNDO
The end.
Poeta prosseguirá transmissão desta série diretamente da sarjeta in Caídos na valeta — lançamento de alta classe **GROOVY PROMOTION**.
The end. me comprem pra possibilitar prosseguimento dum programa de trabalho.
THE END antes que m'esqueça dos versos doutro **DIAS** — exilálio de lombra sorumba sabiático — que não se safou do som das aves — salve — daqui: viver é luta renhida/ viver é lutar. quero fazer uma coisa bem viva: gravar um compacto, por exemplo. poder ver doudos escorpiões d'idade d'ouro de Scorpio rising.
THE END
comprem colaborem comigo comprem Me segura, recomendem.
THE END
comprem colaborem com escritor na hora da morte arrancando os cabelos da cabeça batendo a cabeça na parede — vou dar um troço. evitem: comprem Me segura. The end pra passar na alfândega aduana: declarar como documento patológico pra congresso internacional de psiquiatria.

THE END
TEATRO DE TESE NO MORRO DO Ó LIMPO
(dupla **GROOVY** reataca)
Poeta: O poeta à mercê do espaço não necessita de nada.

Guerreiro: vai se campar. virtudes pra mim: faro rastrear bem conhecimento do terreno em que está pisando. fico daqui de cima analisando o terreno lá embaixo. visão da queda da grande prostituta assentada sobre a besta. bom faro. on the bible Fanon fala da colocação das favelas sobre as cidades — gangrena instalada no coração — favelados nunca perdem o sonho de descer invadir dominar a cidade.
ALPHA alfavela **VILLE**

Poeta: fanoético, aumento para capítulo intitulado Tradutibilidade das linguagens científicas — tradução da Prophecia da queda da Babylônia: remoção da favela do morro da Babilônia.

(Alto do Morro — fundo embaixo entre folhas das árvores: luzes da Lagoa)
The streets belong to the lumpen. imported analysis. Cifrado desenho das pedras dos morros cariocas. caboclo flechado nos peitos.

Dentro do Barraco: 1 — bebe leite de onça de camelo;
2 — bate-papo animado com um amigo. planos de viagens até as Portas do Sol;
3 — detalha inscrições na parede: my brothe is good for dog;

4 — anota saudação da jovem: I'm all right todos os rios e ventos te levem pro mar xpto saudações;

5 — bate-papo animado com alguns amigos. incitamentos à libertação. corte nos assuntos quadrilhas São João and namoradinhas locais;

6 — som: eu não vendo não troco não empresto não dou... eu vou levar pro meu amor.

Sai / dança na clareira entre as árvores.
No bar em frente — Café Maravilha:

1 — sorve copo de chope;

2 — olha luzes traseiras vermelhas acesas dos carros em movimento;

3 — retira cigarro do maço;

4 — gira a vista até se deter num luminoso verdi-vermelho da cidade;

5 — voz-off: — Deus, a graça d'eu poder ver muitas coisas ainda nesta vida. neste mundo.

Remoção da molecoleira do malandro do morro. favelúmpens and apodrecimento irreversível da cidade.

```
W       B
I       E
L       A
D       T :
```

bater forte, constantemente, no lugar onde dói.
The initial step

na escada
de subida
na vida — caminho cifrado or wild beat?

W   B
I   E
L   A
D   T :

bater forte, constantemente, no lugar onde dói.

ABAJO ghetto de limpeza da zona sul (ipanemária) do Rio.

(Dedico esta reprise de Rio Zona Norte aos meus amigos moradores do morro de São Carlos e do Estácio e esta reprise do Rio 40 graus aos do morro do Sossego — sem os quais seria impossível a realização deste trabalho.)

Takes do poeta — fascinado pela nova Avenida Atlântica na capital proibida do amor — em declamor: — ... se desprende um coco e faz vibração no solo... Porto de Salvação não há na vida.

Frase duma faixa: sambista não tem valor nesta terra de doutor.

The end letreiro acende na tela **THE END**

Exijam Me segura em todos jornaleiros bancas de revistas livrarias distribuidoras de livros em todas as casas do ramo. Faça o seu bom vizinho entender o sentido deste movimento reivindicatório — **ME SEGURA QUEU VOU DAR UM TROÇO**.

Canto de pássaros/ um galo alça a crista/ um galo bate as asas/ estala canto de galos no morro de São Carlos. na quebra da barra do dia.

....

(Documentos complementares de orientação/ apresentação histórica para os críticos de Nossos Clássicos: 1 — capa — reportagem duma revista sobre bolsa de valores;

2 — cartaz duma revista sobre bolsa de valores;

3 — página diária dum grande jornal sobre bolsas de valores;

4 — cartaz dum grande jornal sobre bolsa de valores;

5 — manchetes dos jornais sobre ascenso e recordes e as maiores altas na bolsa de cada dia — dobrou mercado de ações;

6 — estudos sobre poupança da população em geral — caderneta de poupança;

7 — sinopse da conferência dum jurista: a crença disseminada na opinião pública de que o Esquadrão da Morte seria justificável por erradicar o perigoso banditismo se estriba na descrença, consciente ou inconsciente, no sistema penitenciário existente — inadmissível desrespeito à atividade judiciária.)

....

The end letreiro acende pela primeira vez **THE END**
THE END neste impossível, desesperado e besta — **UN LIVRE EN TRAIN DE SE FAIRE.**

THE END

(**ERRATA**: leitor do canto 45 e do fragmento de canto 81 da edição brasileira bilíngue dos Cantares.)
THE END

**unidade integrada de produção
ricamar informe**

A RESPEITO DE VIAGENS:
Trips não para embelezar o cotidiano.
SIMS: limpar os sentidos — encontrar a
ingenuidade natural — **CONCENTRAZIONE** —
descobrir as grandes leis da vida — Malandragem
e Graça no fogo do Carnaval dos Damnados de la terra

do samba e do pandeiro.
Dificultando traduções: encontrar e
 não reencontrar;
 descobrir e não
 redescobrir.
SIM: os grandes movimentos.
NÃO: aceitação embellecida do cotidiano.
Dicionário: o vocábulo "cotidiano" deve ser entendido
 como "terreno das concessões"
Bajo las luces de las estrellas.
Trip:
lucerna de fracos luminosos sinais
entre os rochedos

OS GRANDES MOVIMENTOS
Hoje eu não posso chorar/ hoje eu sou um
técnico isto é uma pessoa que sabe
movimentar certas forças e explodir outras
isto é um técnico poeta viajante guerreiro

TRIPS
R
I
P
S

....

Quadro: **EL GRAN SOLITARIO DESPEDAZADO**
Alguém se mira dentro do espelho sem piedad.
Vestido desnudando-se desnudo: es la misma cosa:
um mirar sem
      COMPAIXÃO
Apontamentos para os olhos anotações
solamente.
Nigunenhum sentimento.
Hay que tener frialdad.
Aislado de mis compañeros.
Ajenado.
Frialdad lluvia **MEUS** ojos fijos en los objetos
Ou melhor:
LOS
OJOS

....

TRIPS
R
I
P
S

Première Partie   La fin des voyages
  I
Départ

Je hais les voyages et les explorateurs
TRIPS
R
I
P
S
....
Glossário para os ignorantes:
Ricamar — Edifício Ricamar, morada do poeta por ocasião deste texto, av. N. Sra. de Copacabana, 360, Rio, **GB**.
....
TRIPS
R
I
P
S
Este informe prosseguirá — sempre com novas notícias — em seu lar.

TRIPS: DEVORA-ME OU DECIFRO-TE.

huracan

**CAMBIAR DE IDIOMA POUR
PROVOQUER SYSTÉMATIQUEMENT
LE DÉLIRE
MANTRA DO DIA:**

E é para além do mar a ansiada Ilha.
O poeta carrega um estandarte escrito:
SOU SEMPRE DOIDO.
CAMBIAR DE COR. água de la mar.
Yo cargo en mi corazón las imagenes del **EDEN** mi
alma incendida como un carbón cada toda manhã
sento na beira da lagoa e deixo o verde dos montes e
o reflexo do espelho se estampar em minha cara.
esta lagoa que trago dentro do peito. hoguera.
minha alma = meu rosto.
Simples e calmo mas não alegre nem triste:
inexistente. não **ME** sinto: "sou" feixe de sentidos.
Todas as coisas depois de feitas compõem
um movimento insuficiente — tomar ar —
1 passo atrás 2 na frente 2 passos
atrás 1 na frente 1 passo atrás 2 na frente 2 passos
atrás 2 na frente — tomar ar — provocar
um movimento superior da minha alma.
Tomo os céus e despenco e torno a tomar
Evitar que minha cara minhas cartas meu
papo minha figura se transformem em
crítica maniqueísta de pessoas-situações:
"O reino da sorridência e o tema do traidor".

Coragem é **CAMBIAR** de coração para
a alma não ter sede onde pausar:
ERRAR. errar e perseverar no erro. errar
e não perseverar no erro. **NÃO ERRAR**.
Descer aos infernos e tornar afiada a
fileira que desde o Rio das Contas venho
enfiando
TORNAR AOS CÉUS
TOMAR OS CÉUS DE ASSALTO
O céu retirado como livro que se enrola o céu retirado como
livro que se enrola o céu retirado como livro que se enrola o
céu retirado como livro que se enrola o céu retirado como
livro que se enrola o céu retirado como livro que se enrola o
céu retirado como livro que se enrola

TORNAR AOS CÉUS

TOMAR OS CÉUS DE ASSALTO

Cronologia

1943 — Nasce em Jequié, Bahia, no dia 3 de setembro, Waly Dias Salomão, filho de Elizabeth Dias da Silva Salomão, sertaneja, e Maximino Hage Suleiman, nascido Mustafá, de origem síria.

1960 — Com a morte do pai, Waly vai para Salvador terminar o ensino secundário no Colégio Estadual da Bahia, o famoso Central. Afeito à literatura, ingressa na Faculdade de Direito da Universidade Federal da Bahia (UFBA), atendendo à vontade de sua mãe e de seu irmão mais velho. Paralelamente ao direito, frequenta as aulas da Escola de Teatro da mesma instituição e participa do CPC de Salvador ao lado de Capinan, Geraldo Sarno e Tom Zé. Torna-se um dos protagonistas da efervescência cultural da capital baiana, centrada no campus da Universidade.

1967 — Forma-se em direito, profissão que nunca exercerá. Deixa o diploma em Salvador e parte, sem dinheiro, para o Rio de Janeiro. De 1967 a 1969, transita entre Rio e São Paulo. Na capital paulista, mora com amigos baianos, como Luiz Tenório e Caetano Veloso, que Waly conheceu anos antes na UFBA. Os três dividem apartamento, ainda, com Dedé Gadelha e Duda Machado, na rua São Luís, até a prisão de Caetano, em dezembro de 1968.

1970 — É abordado numa blitz na avenida São João, em São Paulo, e preso por porte de maconha. No presídio do Carandiru, Waly escreve seu primeiro texto, "Apontamentos do Pav 2". Hélio Oiticica é seu primeiro e entusiasmado leitor. Faz suas primeiras letras para as canções "Vapor barato" e "Anjo exterminador", que serão parcerias com Jards Macalé.

1971 — Concebe e dirige o show *Gal fatal — a todo vapor*, de Gal Gosta, com a participação do Lanny Gordin Trio. Anos mais tarde, no livro *Verdade tropical* (1997), Caetano Veloso dirá que o espetáculo "era o dínamo das energias criativas brasileiras" de então.

1972 — Com Torquato Neto, edita a revista *Navilouca*. Torquato suicida-se. Ao lado de sua viúva, Ana Duarte, Waly reúne poemas e artigos do poeta piauiense e organiza o livro póstumo *Os últimos dias de pauperia*, editado pela Livraria Eldorado, no Rio de Janeiro. Publicação de *Me segura qu'eu vou dar um troço*, seu primeiro livro, pela José Álvaro Editor. O show de Gal dirigido por Waly é transformado em álbum duplo pela gravadora Philips.

1973 — A parceria com Gal continua no novo projeto musical da cantora, *Índia*. Waly faz a direção artística do LP e do show da cantora baiana.

1974 — Produz com Jards Macalé *Aprender a nadar*, álbum do cantor e compositor. Vai para Nova York, onde encontra Hélio Oiticica. Estuda inglês na Universidade de Columbia.

1975 — Começa a produzir os primeiros Babilaques. Conhece, em Nova York, Marta Braga, com quem vai ter dois filhos e morar até o fim da vida.

1976 — De volta a Salvador, mora numa antiga casa de pescador na praia de Itapuã. Viaja até Curitiba a convite de Paulo Leminski, para exibir os Babilaques.

1977 — O casal muda-se para o Rio de Janeiro e cria a editora Pedra Q Ronca, que publica no mesmo ano o primeiro livro de Caetano Veloso, *Alegria alegria*.

1979 — Nasce Khalid, primeiro filho de Marta e Waly. Faz com Caetano a canção que dá título ao disco *Mel*, de Maria Bethânia, e dirige, no ano seguinte, o show homônimo da cantora.

1983 — É publicado seu segundo livro, *Gigolô de bibelôs*, pela editora Brasiliense. Nasce Omar, segundo filho do casal.

1984 — Com Gilberto Gil, compõe a trilha sonora do filme *Quilombo*, de Cacá Diegues. Participa, ao lado de Paulo Leminski, Francisco Alvim e Chacal, do curta-metragem *Assaltaram a gramática*, de Ana Maria Magalhães. Escreve para o filme a letra da canção homônima, parceria com Lulu Santos.

1985 — Direção artística do show *Festa do interior*, de Gal Gosta, no Maracanãzinho.

1986 — Organiza com Lygia Pape e Luciano Figueiredo o livro póstumo de Hélio Oiticica, *Aspiro ao grande labirinto*, publicado pela editora Rocco. O trio é responsável pela curadoria da exposição *O q faço é música,* com obras de Hélio em exibição durante o mês de fevereiro na Galeria de Arte de São Paulo. Waly volta a Salvador para dirigir a Fundação Casa de Jorge Amado e, pela Fundação Gregório de Matos, então presidida por Gilberto Gil, coordenar o carnaval da Bahia. Durante os dois anos seguintes, Waly daria maior visibilidade aos tradicionais blocos afros da capital baiana.

1988 — Waly é nomeado o novo presidente da Fundação Gregório de Matos.

1989-1990 — Waly volta para o Rio de Janeiro, onde faz a concepção artística do novo projeto musical de Gal Gosta, *Gal plural.* Em 1990, o disco é lançado e Waly é responsável pela direção do show.

1991 — Divide com Antonio Cicero a direção artística do disco *Zona de fronteira,* de João Bosco.

1993 — É publicado *Armarinho de miudezas,* pela Fundação Casa de Jorge Amado, em Salvador. Parte no Rio de Janeiro, parte em São Paulo, cria, com Antonio Cicero, o ciclo de palestras "Enciclopédias da virada do século". Reúne numa mesma mesa sobre poesia "os três Joões": João Cabral de Melo Neto, Joan Brossa e John Ashbery. As "Enciclopédias" contariam ainda com a participação de Derek Walcott, Haroldo de Campos, Richard Rorty, José Arthur Giannotti, Ernest Gellner, Darcy Ribeiro, Peter Sloterdijk, Hans-Magnus Enzensberger, Tzvetan Todorov, Caetano Veloso, Peter Sellars, Arnaldo Antunes, João Ubaldo Ribeiro, Hermano Vianna, José Celso Martinez, entre outros.

1994 — Entusiasta do Afroreggae, Waly Salomão é nomeado diretor de comunicação da ONG de Vigário Geral.

1996 — Publicação dos livros *Algaravias: câmara de ecos* (Editora 34) e *Hélio Oiticica: qual é o parangolé?* (Relume-Dumará). *Algaravias* vence o prêmio Alphonsus de Guimaraens da Biblioteca Nacional. Participa do vídeo *Trovoada*, dirigido por Carlos Nader.

1997 — *Algaravias* ganha o prêmio Jabuti. Waly produz o disco e o espetáculo *Veneno antimonotonia*, de Cássia Eller, eleito pela imprensa o melhor show do ano.

1998 — Lança o livro *Lábia*, pela editora Rocco. Seguindo seu "tino e obsessão", vai até a ilha de Arwad, na Síria, atrás de seus parentes paternos, cujo contato havia se perdido quarenta anos antes. É entrevistado pela TV Síria. Escreve o poema "Janela de Marinetti", dedicado ao irmão Jorge Salomão, publicado em seu livro seguinte, *Tarifa de embarque*.

1999 — Vai ao "Festival Ayloul de Arte Eletrônica", no Líbano, com Carlos Nader. Aproveita a ida ao Oriente Médio e retorna a Arwad. As imagens dessa viagem seriam incluídas no documentário de Carlos Nader sobre Waly, *Pan cinema permanente*, de 2007.

2000 — É publicado, pela editora Rocco, *Tarifa de embarque*.

2001 — Waly lança a coletânea de poemas *O mel do melhor*, também pela editora Rocco. Participa, em São Paulo, do ciclo de palestras "Anos 70: trajetórias".

2002 — No cinema, encarna o papel do poeta Gregório de Matos no filme homônimo de Ana Carolina. É contemplado com a Bolsa Vitae para produzir um livro novo, que termina e a que dá o nome de *Pescados vivos*, mas não chega a vê-lo publicado. Lança, em parceria com o artista plástico Luiz Zerbini, *A vida é paródia da arte*, pela Dantes Editora.

2003 — É nomeado presidente da Secretaria do Livro e da Leitura pelo ministro da cultura, Gilberto Gil. No dia 5 de maio, morre no Rio de Janeiro em decorrência de um tumor no intestino, aos 59 anos. Durante o velório, na Biblioteca Nacional, os grupos AfroReggae e AfroLata tocam seus tambores e, sobre o poeta, a escola de samba da Mangueira estende sua bandeira verde e rosa. A editora Aeroplano reedita *Me segura qu'eu vou dar um troço*, o primeiro livro de Waly Salomão.

Lista de obras publicadas

Me segura qu'eu vou dar um troço (1972), José Álvaro Editor
Gigolô de bibelôs (1983), Brasiliense
Armarinho de miudezas (1993), Fundação Casa de Jorge Amado
Algaravias: câmara de ecos (1996), Editora 34
Hélio Oiticica: qual é o parangolé? (1996), Relume-Dumará
Lábia (1998), Rocco
Tarifa de embarque (2000), Rocco
O mel do melhor (2001), Rocco
Me segura qu'eu vou dar um troço (2003), Aeroplano
Hélio Oiticica: qual é o parangolé? (2003), Rocco
Pescados vivos (2004), Rocco
Gigolô de bibelôs (2006), Rocco
Algaravias (2007), Rocco
Babilaques: alguns cristais clivados (2007), Contra Capa Livraria/ Kabuki
Poesia total (2014), Companhia das Letras
Hélio Oiticica: qual é o parangolé? e outros escritos (2015), Companhia das Letras

TIPOGRAFIA Wigrum

DIAGRAMAÇÃO acomte

PAPEL Chambril Avena+

IMPRESSÃO Prol Editora Gráfica, maio de 2016

A marca FSC® é a garantia de que a madeira utilizada na fabricação do papel deste livro provém de florestas que foram gerenciadas de maneira ambientalmente correta, socialmente justa e economicamente viável, além de outras fontes de origem controlada.